作者簡歷

張珍懷，一九一六年生，別號飛霞山民。原籍浙江溫州，久居上海。無錫國學專修學校畢業。曾受業於夏敬觀、龍沐勛、夏承燾、錢仲聯諸先生。著有《飛霞山民詩詞稿》、《飛霞說詞》、《日本三家詞箋註》。並與夏承燾合作編註《域外詞選》。

國家圖書館出版品預行編目資料

清代女詞人選 / 張珍懷選注. — 初版. — 臺北市 ： 文史哲, 民83
面； 公分
ISBN 957-547-902-5（平裝）

833.7 83010766

清代女詞人選集

選注者：張珍懷
出版者：文史哲出版社
登記證字號：行政院新聞局局版臺業字五三三七號
發行人：彭正雄
發行所：文史哲出版社
印刷者：文史哲出版社
臺北市羅斯福路一段七十二巷四號
郵政劃撥帳號：一六一八〇一七五
電話 886-2-23511028 · 傳真 886-2-23965656

實價新臺幣 三五〇元

中華民國八十六年十月初版

ISBN 957-547-902-5

清代女詞人選集　目錄

前言

清代二百六十八年，詞學復興，詞家輩出。雖已脫離了音樂，演變成「長短句」詩體，但自浙常二派相繼興起，迭主壇坫，體製日尊，作者全力以赴，不再視爲「詩餘」小道，與五、七言格律詩並駕齊驅於藝苑之中。詞發展至清代，作爲一種新興詩體來看，其主旨深閎，境界開拓，題材多樣，正如近代詞學家朱孝臧所說：「其獨到之處，雖宋人也未必能及。」①

由於清代詞學興盛，風靡一世，歷久不衰，達官顯貴、士大夫之流皆擅此道，甚至有些地方的文士「以不能塡詞爲恥」②，因而家中眷屬亦受薰染。封建時代女子以習針黹爲「婦工」，就是大家閨秀，不諳文墨，亦爲常事。然而，有清一代名門閨秀工詞者頗多，且流風所被，盛況空前。上至相國夫人，下至青樓妓女，俱有傑出的女詞人。例如作品宏富，聲情流美的卓越大家吳藻卻生長於父夫兩家皆不讀書的商賈門庭；遭遇不幸，用詞寫成自傳的浦夢珠本爲繡花女工；受盡欺凌，在蘆葉上寫詞的賀雙卿是貧苦佃農的妻女。唐圭璋先生輯《全宋詞》，所收兩宋女作家不過六十餘人，其中名家祇有李清照《漱玉詞》、朱淑眞《斷腸詞》及魏夫人（曾布妻）、孫道絢。此外，少數女作者存詞三首，大多數僅存一、二首。當然，年代久遠，作品散佚是主要原因。惟據兩宋書籍、詞話、筆記等所記載之資料，女詞人作品本自寥寥。而清代女詞人之作數量上遠遠逾越宋代，如近代徐乃昌刻《小檀欒室彙刻閨秀詞》，收清代女詞人專集九十六家（百家中有四人屬明代作家）；葉恭綽輯《全清詞鈔》，收女詞人之作四百九十家，占總數六分之一（全書共收約三千家）。從以上兩部書所輯錄者來看，便可知清代女詞人之作，蔚然大觀，遠勝前代。

而且，女詞人作品，不僅於數量上多於往昔，其內容更是多姿多彩，婉麗豪邁，各臻其妙。有的傑作立意、造境之新穎，前人亦未曾寫過。但是封建時代歧視女性，男子有才華，就可高登壇坫，名動公卿，聲聞遐邇。女子則迥然不同，她們身受「三從」束縛，無有社會地位，縱有絕代才華也毫無用處。通文墨、工吟詠，往往被認爲非婦人本分，遭受種種打擊。所以女詞人的成就是極其不易的，完全出於自己對詩詞的熱愛，刻苦自學，堅持不懈，纔能取得成就。清代著名女詞人沈善寶就這樣說：

閨秀之學與文士不同，而閨秀之傳又較文士不易。蓋文士自幼即肄學經史，旁及詩賦，有父兄教誨，師友討論，閨秀則既無文士師承，又不能專習詩文，故非聰慧絕倫者萬萬不能詩。生於名門巨族，遇父兄師友知詩者，傳揚尚易，倘生於蓬蓽，嫁與村俗，則湮沒者，不知凡幾。……③

沈氏所說自是由衷之言，她自己就是個例子。她所作反映鴉片戰爭、敵愾同仇之詞，至今知者又有幾人呢？

我國最古的詩歌十五國風，其中許多是勞人思婦之作。清代女詞人亦繼承悠久的傳統，然而她們身受封建桎梏，嫁後以夫爲天，一生哀樂榮辱，都寄托於「所天」。因此，女子最大的不幸就是丈夫早亡，茹苦含辛，守節撫孤；或遇人不淑，遭遺棄、受欺凌；還有的出身貧寒，爲妾媵、被侮辱；她們內心的哀怨、生活的痛苦，無可奈何，只有長歌當哭、短吟代泣。南唐後主李煜，亡國被俘，終日以眼淚洗面，他所作的詞遂卓絕千古。遭受不幸的女詞人不也是這樣嗎？她們的詞是血淚結晶，自能感人肺腑，使後世讀者也會爲之一灑同情之淚。當然，她們的作品裡也有許多是描繪自己美好生活、喜悅心情的詞，尤其是琴瑟和諧，兩情繾綣的閨房之樂。讀了這些情感眞摯，描繪細緻的清詞麗句，誰能不對那些鬚眉詞流擬作「婦人語」，僞裝「閨音」的艷詞，感到矯揉虛假，生憎可厭呢？

生長在封建社會中的清代女詞人生活範圍自較男子狹窄，但在詞苑之中仍不乏巾幗英傑。她們的作品也能表現時代特點及國家大事。如清初徐燦、陳璘抒發鼎革之際，改朝換代之感慨；中葉張綰英、沈善寶譜寫鴉片戰爭，抗禦外侮之強音；晚清沈鵲應哀吟變法失敗、鎭壓忠良之悲憤。還有的女詞家作品反映出兵荒馬亂，人民流離之疾苦，以及對海外史跡和新事物的感興。這些詞永遠放射出奪目光彩，是清代詞史上的燦爛篇章，值得我們重視和發揚。

本選集共收清代女詞人六十四家，凡二百六十首詞。可以說是清代女詞人作品之精英，也是清詞優秀作品之一部份。選錄要求爲感情眞摰，聲韻流美，情景交融，寄託深遠，並具有自己獨特風格。有些詞不僅有顯著的藝術特色，而且從作品中表現出她的品格和身世，知人論世，詞如其人。

本選集是編注者於退休後，長期養疴時撰寫，由於學識淺陋，資料缺乏，借書困難，因而小傳材料不足，箋注舛誤、脫漏，自所難免。尚請海內外專家學者，廣大讀者賜予指正，爲至感禱！

在編寫過程中，蒙荷施蟄存、錢仲聯、顧廷龍諸先生賜予指導，提供資料。又承臺灣林玫儀教授大力支持爲介紹出版。青年詩友黃思維、熊盛元、盧爲峰諸君代爲校訂、複印。謹此致以衷心的感謝！

張珍懷一九八五年夏重訂於美國堪薩斯市（Kansas City）

【附註】

①見葉恭綽《全清詞鈔》序言。
②見徐珂《清代詞學概論》。
③見沈善寶《名媛詞話》序文。

凡例

一、本選集所選錄的詞，斷句用如下三種符號：

㈠「。」表韻腳。

㈡「，」表非韻腳的句子。

㈢「、」表句中停頓。

二、本選集的箋注和小傳都用普通標點符號。引書方面，《》表示書名，〈〉表示篇名，《·》表示某書中之某一篇。

三、本選集所錄，皆爲清代（順治至宣統）之詞人作品，凡卒於民國者，當另於續集中選錄。

四、本選集大多選自作者詞集，無專集者則錄自選本或詞話、筆記。

清代女詞人選集

張珍懷選註

徐燦詞 八首

作者小傳

徐燦字明霞，號湘蘋，明末清初蘇州名門閨秀。兼擅詩文書畫，尤工塡詞，著有《拙政園詩餘》。其詞集序言曾提及她所喜愛的古代詞人：「南唐則後主，宋則永叔、子瞻、少游、易安……若大晟樂正輩（按：指周邦彥）以爲靡靡無足取。……」從而可知其詞風格之高超，不同凡響。然而她的詞所以卓絕一代，師承之外，更重要的是生逢季世而其志高潔。她原擬避世遁隱，無奈所適非偶，竟做了降臣之妻。因此，她內心抑鬱，家國之恨、難言之隱，皆發之於詞。其夫陳之遴降清後，青雲直上，由侍郎擢升爲大學士。但好景不常，初次獲罪謫居遼東，其後又再犯論斬大罪，免死，而全家流放。徐燦無辜受累，在遼東度過十三年囚犯生活。其夫與兩子皆死於流放中，及至赦還江南時，她已是孑然一身、孤苦無依的老婦了，遂茹素供佛，以了殘生。其詞集三卷是陳之遴在京爲官時刻印，赦歸後即「不留一字落人間矣」。陳廷焯《白雨齋詞話》評其詞云：「前則李清照，後則徐湘蘋」，惟其境界悲涼感慨，寄託幽深綿邈，是李詞中所無，這是由於她的處境與李清照迥異。近代大詞家朱孝臧〈憶江南〉（論徐燦）云：「雙飛翼，悔煞到瀛洲。詞是易安人道韞，那堪傷逝又工愁。腸斷塞垣秋。」這首小令可以說概括了這位女詞人坎坷的一生。從而可知古代女子一生榮辱哀樂皆附屬於丈夫的可悲。

風流子　同素庵感舊①

只如昨日事，回頭早已十經秋②。向洗墨池邊③，裝成書屋，蠻箋象管④，別樣風流。殘紅院，幾番春欲去，卻爲個人留。宿雨低花，輕風側蝶，水晶簾卷⑤，恰好梳頭。

西山依然在，知何意憑檻，怕舉雙眸。便把紅萱釀酒⑥，只動人愁。謝前度桃花，休開碧沼，舊時燕子，莫過朱樓。悔煞雙飛新翼，誤到瀛洲⑦。

【箋注】

此詞爲作者與夫陳之遴於清康熙二年明福王弘光小朝廷覆滅後，從南京回到北京舊居時所作。上片回憶明末來京寓居此處時，伉儷篤好，書畫聯吟之閑情逸致。下片敘此番重返，已改朝換代，景物依然而自覺滿目淒涼，感慨萬端。並斥責其夫降清，追悔莫及。

① 素庵：陳之遴別號。

② 回頭早已十經秋：明崇禎十年（西元一六三七年）陳之遴中進士授編修後，徐燦即由蘇州來北京同寓於此。明亡又同往南京，投奔福王，清順治二年福王弘光覆滅，陳之遴降清任侍郎，夫婦重返北京舊居。按：此詞

大約作於順治三年（一六四六年），故云寓居此屋「已十經秋」矣。

③洗墨池邊：王羲之與人書曰：「張芝臨池學書，池水盡墨。」此詞中言作者夫婦工書法。

④蠻箋象管：《天中記》云，唐時高麗歲貢「蠻箋」。川妓薛濤仿製十色箋。唐．韓浦詩云：「十樣蠻箋出益州。」象牙製筆管曰「象管」。唐．羅隱詩云：「蠻箋象管夜深時，曾賦陳宮第一詩。」

⑤水晶簾卷二句：唐．元稹詩：「閑讀道書慵未起，水晶簾下看梳頭。」

⑥紅萱：萱草又名忘憂草。宋．晏殊〈中庭賦〉云：「愈疾栽菊，忘憂樹萱。」

⑦瀛洲：海上仙山名，詞中用以喻朝廷。《唐書．褚亮傳》謂唐太宗作文學館，以房玄齡、杜如晦等爲學士，使閻立本爲之圖象，亮爲之贊，號十八學士。天下慕之，稱爲「登瀛洲」。

踏莎行　初春

芳草初芽①，梨花未雨②。春魂已作天涯絮③。晶簾宛轉爲誰垂④，金衣飛上櫻桃樹。

故國茫茫，扁舟何許⑤。夕陽一片江流去⑥。碧雲猶疊舊河山，月痕休到深深處。

【箋注】

此詞內容豐富，寄託深邃，是徐燦詞中傑作。清．譚獻評曰：「興亡之感，相國愧之。」這兩句還祇從下片詞意來說，而上片尤爲重要。表面看來句句寫春景，其實卻字字諷喻清初朝政，並譏刺其夫陳之遴奴顏婢膝，投降清廷。下片則以極其悲涼感慨之聲情，寫她對南明各地顛沛流離、寧死不屈的忠臣義士之懷念。

①芳草初芽：此喻滿清入關時，太宗皇太極新亡，其子繼承皇位（即順治），年僅六歲，正如春草之新芽。

②梨花未雨：此反用白居易〈長恨歌〉中「玉容寂寞淚闌干，梨花一枝春帶雨」之詩意。喻順治之母（清太宗之妃，即莊妃）年輕新寡，似縞素之梨花，但她並未「淚闌干」，而是改嫁夫弟多爾袞，尊爲太后，與後夫攝政王多爾袞共掌朝政。

③春魂已作天涯絮：喻明亡，崇禎帝縊死，弘光爲清軍消滅，其餘南明諸王皆如飛絮飄零於天涯海角。

④晶簾宛轉爲誰垂二句：這是將唐．韋莊〈櫻桃〉詩：「王母階前種幾株。水晶簾外看如無。」和《天寶遺事》中唐明皇於禁苑中呼黃鶯爲「金衣公子」故事結合起來，用以譏刺其夫陳之遴降清，太后及多爾袞爲了籠絡漢臣，擢升陳之遴爲弘文院大學士，也就是當朝宰相。陳之遴恰似黃鶯蒙受「金衣公子」稱號，受寵若驚，自鳴得意飛上了朝廷高枝。但是「王母」隔簾望見，不過是個卑微的「二臣」而已。

⑤扁舟何許：「何許」即「何處」。作者於明亡後擬偕夫回故鄉，效范蠡乘扁舟歸隱五湖，但其夫已降清廷，自難如願。

⑥夕陽一片江流去三句：言「南明」諸王如夕照餘暉，遠逐江流消逝了。陰雲籠罩下之舊河山已是支離破碎，忠臣義士，艱苦戰鬥，流落遺民，哀鴻遍野。故國一片淒慘景象，天上明月也怕照見。自一六四四年崇禎帝自縊於北京，清軍入關，明福王由崧在南京稱帝，年號弘光，次年即爲清軍殲滅。其後明唐王在福州稱帝，年號隆武；魯王在紹興監國；唐王之弟在廣州稱帝，年號紹武；桂王由榔在肇慶稱帝，年號永曆；韓王在川

鄂邊界爲義軍擁立，年號定武。諸王皆旋立旋滅亡，惟永曆存在十餘年，至順治十八年（一六六一年）始被消滅，定武則在康熙二年（一六六三年）最後滅亡。因爲諸王都在南方抗清，故史稱「南明」。

一斛珠 有懷故園

恁般便過元宵了①。踏歌聲杳②。二月燕臺猶白草③。風雨寒閨，何處邀春好。　吳儂只合江南老④。雪裡枝枝紅意早。窗倚碧河雲半嫋。繡幕纔褰⑤，一枕梅香繞。

此詞言春到燕山，風雨寒冷，回憶蘇州故園春光美好。託意思歸隱而不可得，以其夫陳之遴已爲當朝顯官矣。

【箋注】

①元宵：農曆正月十五日爲上元節，自古風俗此夜自宮廷至民間俱有觀燈盛會。又稱元夕、元夜。

②踏歌：歌唱時聯臂以足踏地爲節拍。陳暘《樂書》：「踏歌，隊舞曲也。」唐人《輦下歲時記》云，元宵「上御安福門觀燈，令朝士能文者爲〈踏歌詞〉。」

③燕臺：唐．韓竑詩：「披衣朝易水，匹馬夕燕臺。」此詞中指北京。

④吳儂：吳語稱己或稱人皆帶「儂」字。吳儂即指吳人。蘇軾詩：「吳儂生長湖山曲，呼吸湖光飲湖淥」。

⑤褰：揭開，拉起來。

浪淘沙 庭樹

庭樹又秋花。做弄年華①。滿城霜氣濕青笳②。眼底眉頭愁未了，去數歸鴉。　殘月靄窗紗。莫使西斜。雁聲和夢落天涯。渺渺濛濛雲一縷，可是還家。

【箋注】

此詞當作於陳之遴降清擢升爲相國之時。作者貴爲一品夫人，身居甲第，卻是愁悶之極，她感到「滿城霜氣」，暗寓肅殺之聲。下片「殘月」二句，寓意更爲含蓄，喻「南明」猶如殘月，但希望其多存在一些時候，「莫使西斜」。留戀故國之情至爲沈痛。

① 做弄：戲弄，播弄。

② 青笳：古代西域人捲青葉吹出聲音叫做笳，後來發展成爲樂器，叫做「胡笳」。此詞中指清兵軍號聲。

唐多令 感懷

玉笛擪清秋。紅蕉露未收。晚香殘，莫倚高樓。寒月羈人同是客①，偏伴我，住幽州②。　小苑入邊愁③。金戈滿舊游。問五湖④，那有扁舟。夢裡江聲和淚咽，頻灑向，故園流。

【箋注】

此詞當作於陳之遴於順治十三年初次獲罪革職，旋又以「原官發遼陽居住」之時。作者雖居「幽州」，仍是夫人身份，在高樓上「擪玉笛」，望「寒月」。她猶是無限愁怨，慨嘆歸隱五湖之願難償。此時尚未料到數年之後，陳之遴再次獲罪論斬，免死，全家流放遼左，她竟淪爲囚犯矣。

①羈人：寄居作客。《左傳・昭十二年》：「爲羈終世」。羈亦作「羈絆」解，詞中兼有兩意，言貶謫寄居於幽州。

②幽州：古地名。《爾雅・釋地》云，幽州爲古九州之一。按：其地即今河北省一部份和遼寧省部分。遼陽即今瀋陽。

③小苑入邊愁二句：唐・杜甫〈秋興〉詩云：「芙蓉小苑入邊愁」，錢謙益箋云：「祿山反報至，上（明皇）欲遷幸，登興慶宮花萼樓，置酒，四顧悽愴，此所謂入邊愁也。」此詞中指自從李闖攻入北京，清兵繼之入關，明朝滅亡，天下大亂了。

④問五湖二句：此用范蠡歸隱故事，自傷爲夫所累，不能歸隱，反而謫居。

憶秦娥 春感次素庵韻

春時節。昨朝似雨今朝雪。今朝雪。半春香暖，竟成抛撇。　銷魂不待君先說。悽悽似痛還如咽。還如咽。舊恩新寵，曉雲流月。

【箋注】此詞似亦是陳之遴初次貶謫時所作。上片「半春」二句，說陳之遴已爲清廷「抛撇」了。下片更明顯說出清廷對降臣所施之恩寵，如「曉雲流月」瞬息全無矣。

永遇樂 病中

翠帳春寒，玉墀雨細，病懷如許。永晝愔愔，黃昏悄悄，金博添愁炷①。薄倖楊花，多情燕子，時向瑣窗細語。怨東風，一夕無端，狼藉幾番紅雨。曲曲闌干，沈沈簾幕，嫩草王孫歸路②。短夢飛雲，冷香侵佩，別有傷心處。半暖微寒，欲晴還雨，消得許多愁否。春來也，愁隨春長，肯放春歸去。

【箋注】譚獻《篋中詞》評云：「相國加膝墮淵，愆咎自積。此詞殊怨。」就是說明此闋是作者隨夫初次謫居之作。上片「怨東風」三句，以東風喻清廷，一夕無端貶謫，如風捲落花，狼藉不堪。下片言欲歸不得，愁隨春長。辛稼軒〈祝英臺近〉云：「是他春帶愁來，春歸何處。卻不解帶將愁去。」此則言春歸，則愁仍不放，其意比辛詞又進一層。

①金博：銅製香爐。《西京雜記》云：「丁緩作九層博山香爐。」呂大臨《考古圖》云，爐象海中博山，下盤貯湯，使潤氣蒸香，像海之四環。

②王孫：草名，亦是古時對於貴族後代的稱呼。詩詞中用之，多爲兼有兩意的雙關語。

水龍吟 次素庵韻感舊

合歡花下留連①，當時曾向君家道。悲歡轉眼還如夢，那能長好。眞個如今，臺空花盡，亂煙荒草。算一番風月，一番花柳，各自鬥，春風巧。　休嘆花神去杳。有題花、錦箋香稿。紅陰舒卷，綠陰濃淡，對人猶笑。把酒微吟，譬如舊侶，夢中重到。請從今，秉燭看花②，切莫待，花枝老。

【箋注】

此詞從開端四句看來，似是陳之遴初次獲罪謫居遼東，又復回京重任要職之時所作。作者告誡其夫，「悲歡轉眼」，此番再還舊居，感慨系之。「算一番風月」四句，似喻朝廷中爭權奪利，勾心鬥角。下片說她與夫君應「秉燭看花」，及時行樂。表面似慰藉其夫，實際亦警告他，回京復官，仍然潛伏危機。

①合歡花下留連：陳之遴《拙政園詩餘·序》云：「丁丑（崇禎十年）通籍後，僑居都城西隅，書室數楹頗軒敞。前有古槐垂陰如車蓋，後庭廣數十步中作小亭，亭前合歡樹一株，青翠扶蘇，葉葉相對，夜則交斂，侵晨乃舒，夏月吐華如朱絲，余與湘蘋觴咏其下。……」

②秉燭：《宋書·樂志三·古詞西門行》：「人生不滿百，常懷千歲憂。晝短苦夜長，何不秉燭游。」

柳如是詞 五首

作者小傳

柳是字如是，原名楊愛，明末清初江蘇吳江人。出身寒微，幼年爲婢，年十五又爲主家轉賣，淪落娼門。惟其秉性聰慧，有上進心，在青樓中與諸名士周旋，學習詩文書法，終於成爲女作家。她不僅嫁錢謙益後有《我聞室鴛鴦詞》行世，當她年二十一歲在青樓時，就有詩詞賦彙刻集《戊寅草》。此集是明末殉國著名詩人陳子龍爲之刊印，前有陳之序文。刻集前三載，柳氏曾一度與陳子龍同居於松江之南園（當時柳年十八，陳年廿八）。此園即陳與夏允彝等憂國志士所組織「幾社」之活動處所。柳氏既居園中，自然就參加了「幾社」。但是柳陳同居不久就爲陳子龍家庭所迫，使得柳如是痛苦地重返娼樓。其後，柳又在青樓六載，雖結識不少青年名士，但在封建時代誰能娶娼女爲妻室呢？她深知自己志高身賤，想和青年名士結爲伉儷，是決不可能的，只得在老名士中尋求歸宿了。當她二十四歲時，往常熟投詩予當時頗負盛名的老詩人錢謙益，終於使她如願以償。錢自有正室，乃尊之爲「河東君柳夫人」，不以侍妾視之。柳如是嫁後三年明亡。她曾隨錢往南京，弘光小朝廷覆滅，她勸錢赴水死，但錢謙益未聽勸告，怕死而降清。不久陳子龍因復明失敗卻投水而死了。柳如是始終是陳子龍的同心知己，她受「幾社」的影響甚深，因此，在順治初，她即說服錢謙益，傾資財接濟抗清復明義兵軍餉，並親至崇明一帶慰問義軍。這在清人筆記和遭清廷燬版查禁的錢謙益《有學集》詩中都有記述。後來錢謙益病卒，其族人向柳氏勒索巨款，柳即登樓自縊而死，時年四十七歲。留有遺書說，爲了保護她的女兒和錢謙益的兒子，不得不自縊。她爲何如此決絕自盡？雖然前人都未說明白，根據柳氏抗清的行動，當是自知族人所以向她勒索錢財，就是因爲她曾傾貲接濟抗清復明義軍，她只有一死才能免去滿門抄斬之大禍，才能使得族人勒索詭計，難以得逞。因此，與她同時代的明遺民中，著名人士葉天寥在《芸窗雜記》裡稱讚柳如是爲有「才智」的「女流之俠」。

夢江南（原廿首，選錄三首）

人去也，人去小池臺。道是多情還不是，若爲恨少卻教猜。一望損莓苔①。

其二

人去也，人去碧梧陰②。未信賺人腸斷曲，卻疑誤我字同心。幽怨不須尋。

其三

人何在，人在玉階行。不是情癡還欲住③，未曾憐處卻多情。應是悔情深。

【箋注】

〈夢江南〉調原作廿首。開端皆爲「人去也」，或「人何在」，自是同一時期所塡懷人之詞。

據陳寅恪《柳如是別傳》云，她於明崇禎八年曾與陳子龍同居於松江南園，參加「幾社」活動。由於陳家教森嚴，納妾亦須良家，絕對不允挾妓在外，柳遂被迫重返青樓。此廿首〈夢江南〉當爲離去後，回憶南園同居生活之作。

①莓苔：唐．劉長卿詩：「一路經行處，莓苔見履痕」，言昔日經行之地，履痕猶在。

②碧梧：唐．杜甫詩：「碧梧棲老鳳凰枝」，言自己與陳子龍在南園如鳳凰于飛，同棲碧梧。雖然陳並非有意賺人，但終難結爲同心之侶，自深怨恨。

③不是情癡還欲住：此自言她離開南園時去住兩難之痛苦心情，但終於被迫離去，情愈深則痛苦愈增。陳子龍《湘眞閣詩集》中有〈長相思〉句云：「別時餘香在君袖，香若有情尙依舊。但令君心識故人，綺窗何必長相守。」似是對柳如是〈夢江南〉之酬答。

聲聲令　詠風箏

楊花還夢①，春光誰主。晴空覓個顚狂處②。尤雲殢雨③。有時候，貼天飛，只恐怕、捉他不住。絲長風細④。畫樓前，艷陽裡。天涯亦有影雙雙，總是纏綿，難得去。渾牽繫。時時愁對迷離樹⑤。

【箋注】

此詞以物喻人，託意自傷。寫風箏即是爲自己寫照。

① 楊花還夢二句：點明她自己姓氏及身份（柳如是原名楊愛。）

② 晴空覓個顛狂處：唐・杜甫詩：「顛狂柳絮隨風舞」，作者借風箏喻自己性格豪宕，身賤志高，渴望得到自由，像風箏一樣在天空飛翔。

③ 尤雲殢雨：宋・柳永〈浪淘沙〉詞：「殢雨尤雲，有萬般千種憐惜」，此詞中用以喻賣笑生涯。

④ 絲長風細以下五句：寫風箏，亦喻自己淪落娼門，身不由己，如風箏爲人牽繫，任人擺佈。

⑤ 時時愁對迷離樹：寫風箏飄盪於煙樹間，以喻自己歸宿渺茫。

按：此詞及以上〈夢江南〉皆載於柳如是廿一歲時所刻印《戊寅草》。

金明池 咏寒柳

有恨寒潮，無情殘照，正是蕭蕭南浦①。更吹起、霜條孤影，還記得舊時飛絮。況晚來、煙浪迷離，見行客、特地瘦腰如舞。總一種淒涼，十分憔悴，尚有燕臺佳句②。

春日釀成秋日雨③。念疇昔風流，暗傷如許。縱饒有、繞堤畫舸，冷落盡、水雲猶故。憶從前、一點東風，幾隔著重簾，眉兒愁苦。待約個梅魂④，黃昏月淡，與伊深憐低語。

【箋注】

此詞是用秦觀〈金明池〉韻填寫。當作於《戊寅草》刻印之後（崇禎十二或十三年）。咏寒柳即自喻。其時她已廿三歲，娼門賣笑已將九載，但她仍不肯嫁予庸夫，定要在諸名士中覓取「梅魂」，「深憐低語」。全詞以物喻人，較「咏風箏」之用字造句已大有進步了。爲柳如是詞中精品。

① 南浦：屈原〈離騷〉：「送美人兮南浦。」

② 燕臺佳句：唐．李商隱〈柳枝〉詩五首序云：「柳枝，洛中里孃也。……讓山（李之從兄弟）下馬柳枝南，柳下詠余〈燕臺〉詩，柳枝驚問：『誰人有此，誰人爲是？』讓山謂曰：『此吾里中少年叔耳！』柳枝手斷長帶結。讓山爲贈叔，乞詩。……讓山至，且曰：『此女爲東諸侯取去矣！』……因寓詩以墨其故處云。」按：此詞中作者以柳枝自比，而以陳子龍等青年詩人比擬李商隱。

③ 春日釀成秋日雨三句：說昔日與年輕名士狎游，使她精通翰墨，遂釀成難覓佳偶之愁苦。然而當時年輕詩人皆難違父母之命，誰能娶妓爲妻呢？疇昔風流，《南史．張緒傳》謂武帝於靈和殿前置柳數株，常玩賞咨嗟曰：「此楊柳風流可愛，似張緒當年。」

④ 待約個梅魂三句：柳如是自知在年輕名士中難覓得歸宿，只好轉向老年名流，她在崇禎十三年冬著男子服，乘扁舟往常熟半野堂投詩於錢謙益。當時錢年已五十九，確是個歲暮「梅魂」，且能達到她的要求，不以侍妾相待，稱之爲河東君柳夫人。在錢與她合作之《東山酬唱集》中載有錢作〈崇禎十三年冬「我聞室」落成，延河東君居之〉七律云：「清尊細雨不知愁，鶴引遙空鳳下樓。紅燭恍如花月夜，綠窗還似木蘭舟。曲中楊柳齊舒眼，詩裡芙蓉亦並頭。（自注：河東君新賦並頭蓮詩）今夕梅魂共誰語，任他疏影蘸寒流。」此詩最後兩句，不正自稱他就是柳氏所尋覓得的「與伊深憐低語」的「梅魂」嗎？

黃媛介詞 七首

作者小傳

黃媛介字皆令，別號無瑕詞史。清順治時浙江嘉興人。著有《離隱詞》、《湖上草》（今皆佚）。清·姜紹書《無聲詩史》說她「髫齡即嫻翰墨，好吟咏。工書畫，楷書仿黃庭經，畫似吳仲圭而簡遠過之。其詩初從選體入，後師杜少陵，瀟灑高潔，純去閨閣畦徑。適士人楊世功，蕭然寒素，皆令黽勉同心，恬然自樂也。乙酉鼎革（指明亡），家被蹂躪，乃跋涉於吳越間。困於檇李，躓於雲間，棲於寒山，羈旅建康，轉徙金沙，留滯雲陽。其所記述多流離悲戚之辭，而溫柔敦厚，怨而不怒，既可觀于性情，且可以考事變，此閨閣而有林下風者也。」從這段記敘中，便可知她的家於戰亂中被焚燬、劫掠一空，迫使其全家流離轉徙於吳越間。且其夫婿平庸無才能，亦未考中功名。據《嘉禾徵獻錄》，她「少許楊氏，楊貧，以鬻箕爲業。父母欲寒盟，介不可，卒歸楊。」她爲何竟違父母之命，嫁到一貧如洗的楊家呢？由於她雖是才女，但家亦貧寒。要嫁給富貴人家，就必須像她的姐姐媛貞一樣爲人作妾。嫁後只能代夫主作書啓，自己的詩書畫一概不許外傳。黃媛介所以甘願嫁給楊世功，就是爲了嫁後仍然有吟詩、作畫等自由。因爲楊世功貧窮無才能，依賴她鬻詩、書、畫及教書來養家糊口。黃媛介在詩中曾云：「或時賣歌詩，或時賣山水。猶自高其風，如昔鬻草屨。」她如此毅然負起贍養家庭的重擔，在女子三從的封建時代，眞是一樁奇聞！因此，她偕夫携女，流浪吳越各地。欣賞她的詩書畫之名流雖然頗多，但對於她身爲女子以鬻詩畫、教家塾來謀生，卻毀之者衆，譽之者少。那些有名望的大人物皆歧視她，說她：「用貧流離，不得已而寄迹於書畫之間」，把她比作唐代的薛濤、杜秋娘之類。由於社會輿論如此，使得其兄黃象三對她不滿，認爲她在外拋頭露面有辱門楣。因而黃媛介所作〈離隱歌〉序中云：「雖衣食取資於翰墨，而聲影未出於衡門。古有朝隱、市隱、漁隱，予殆以離索之懷，成其遯隱之志焉。將歸省母，爰作長歌，歸示家兄，或者無曹妹續史之才，庶幾免蔡琰居身之玷云爾。」她這小序所說，不正是嚴正的駁斥了那些對她的誹謗與流言嗎？

黃媛介生逢亂世，轉徙流離，所作詩文無力刻印，今已散佚殆盡。但我們從當時名流如吳偉業、王士禛、朱彝尊等人毀多譽少的詩文中，仍可看到她不僅是個女作家，也是個三百年前能夠經濟獨立、爭取面向社會的先驅女性。

眼兒媚 謝別柳河東夫人

黃金不惜爲幽人。種種語殷勤。竹開三徑，圖存四壁，便足千春。　匆匆欲去尚因循。幾處暗傷神。曾陪對鏡，也同待月，常伴彈琴。

其二

剪燈絮語夢難成。分手更多情。欄見花瘦，衣中香暖，就裡言深。　月兒殘了又重明。後會豈如今。半帆微雨，滿船歸況，萬種離心。

【箋注】

此二詞當是弘光小朝廷覆滅之際，黃媛介與柳如是分別時所作。當時的名流顯宦夫人資助黃氏者雖然不少，但皆爲恩賜救濟而缺乏友情，惟有柳如是與黃友誼深厚。錢謙益《有學集·贈黃皆令序》云：「絳雲樓新成，吾家河東（指柳如是）邀皆令至止。硯匣筆床，清琴柔翰。挹西山之翠微，坐東山之畫障。丹鉛粉繪，篇什流傳，中吳閨闥，侈爲盛事。……」不但居絳雲樓中黃氏是個女清客，就是在鼎革離亂間，她亦追隨柳如是前往南京。錢謙益贈序中云：「南宗伯署中，閑園數畝，老梅盤拏，柰子花如雪屋。烽煙旁午，決別倉皇。皆令擬河梁之作，河東抒雲雨之章。分手前期，蹔游小別。」這正說明了此詞的時代背景。第二闋下片：「月兒殘了又重明，後會豈如今？」這兩句隱喻，不正是說：希望明室重興，後會有期嗎？

菩薩蠻

芙蓉花發藏香露。白雲慘淡關山路。愁思惹秋衣。滿庭黃葉飛。　繡閣簾初卷。夢與離人遠。秋雨又如煙。魂銷似去年。

【箋注】

此詞當作於離家遠游之時。黃媛介自南京歸家後，未幾，嘉興爲清兵攻陷，「城破家失」，「逢亂被劫」。據近人陳寅恪云：「既被清軍劫掠，鄉里當必謠諑紛紜。」她雖幸得脱身生還，但不便重返故里，「以其兄尤引以爲恥辱」，她是個堅強的女性，遂偕夫流離轉徙於吳越間。

臨江仙 初秋

庭竹蕭蕭常對影，卷簾幽草初芬。羅衣香褪懶重薰。有愁憎燕語，無事數歸雲。
秋雨欲來風未起，芭蕉深掩重門。海棠無語伴銷魂。碧山生遠夢，新水漲平村。

【箋注】

此詞當爲作者携家遠離鄉里，飄流於吳越各地時所作，充滿百無聊賴之心情。結尾「碧山」兩句，點明她遠望家山，思念夢中故里；近覩溪水，感慨飄泊異鄉小村。《兩浙輶軒錄》引鄧漢儀曰：「丁酉遭亂，轉徙吳閶，羈白下，後入金沙，閉跡牆東（金壇張元放之別業「牆東園」），張元放及夫人于氏資給之……然皆令實寒甚，鬻詩畫以自給。後僦居西陵，所居一樓與兩高峰相對。隃糜側理，是其經營，終不免賣珠補屋之嘆。地主汪然明時招至「不繫園」，與閨人輩飲集，每周急焉。繼從風雪中渡西興，入梅市……。」敍述黃媛介在吳越間流轉飄泊情事，頗爲詳盡。

搗練子 送姊皆德

心耿耿，葉颼颼。水靜山横歛一樓。燕子已傳歸去信，柳邊應放木蘭舟。

【箋注】

此詞爲其胞姊黄媛貞來訪歸去送別之作，「皆德」是媛貞字。未嫁時姊妹並有才名，惟兩人品格迥異。皆德貪圖富貴，以家貧，甘爲侍妾，嫁貴陽朱太守爲側室。朱彝尊稱讚她「深自韜晦」，因爲她的夫主不允許她的作品外傳，只能爲其夫代筆，失去了自己寫作的自由。

蝶戀花西湖即事

蕩漾湖波千頃雪。金管聲微，還聽哀絃接。童子戲流心手澈。凝看轉覺煙波活。岸阻山連商賈絕。去四來三，遊艇輕於葉。放鶴栽梅諸勝絕。我來惟共湖頭月。

【箋注】

此詞當是作者流寓杭州時所作。從而可見明清鼎革之際，西湖在戰亂中名勝古蹟遭受破壞，呈現一片蕭條之景象。陳其年《婦人集》云：「皆令詩名噪甚，恒以輕航載筆格於吳越間。僦居西泠段橋頭，憑一小閣賣詩畫自活。稍給便不肯作。……」

金菊對芙蓉答宗姊月輝見懷之作①

五易星霜，兩遷村墅，思君幾許魂消。看燕來雁去，夢斷音遙。兵戈路絕空相望，惟虛卻月夕花朝。還家一載，城隅輕隔，似阻江潮。感伊投我瓊瑤②。羨珠光溜彩，玉韻含韶。恨未能携手，愁寄纖毫。君家梅竹猶堪賞，待相逢、斗酒重澆。春光未老，花香正美，離思空勞。

【箋注】

此詞上片起句就説明她離家在外飄泊五年，由於「兵戈路絕」，與黃月輝久未通音問。如今她已「還家一載」，但作此詞卻是別後五年的初次酬唱。下片稱讚月輝之作，更希望與她「相逢」、「携手」言歡。「君家梅竹」句，説明月輝家園尚未遭燬圮，勝於她自家蕩然無存。當作者還鄉里時，其夫楊世功曾請當時名詩人李良年題詩。李有〈黃皆令歸吳，楊世功索詩送行〉二首。其中一首云：「盛名多恐負清閑。此去蘭陵好閉關。柳絮滿園香茗圻，侍兒添墨寫春山。」這送行詩不就是譏笑她在外，忙於鬻書畫而贏得「盛名」嗎？不就是勸告她快些回到深閨中，關起門來，做個遵守婦道的女子嗎？從而可知黃媛介多才藝，她是多麼嚮往面向社會，但封建勢力卻給予沈重打擊。戰亂平定，遂迫使她放棄文藝活動重返深閨了。

① 宗姊月輝：黃德貞字月輝，孫曾楠妻，亦爲清初嘉興女詩人。《林下詞選》云：「月輝工詩賦，與歸素英共輯《名閨詩選》行世。」

② 瓊瑤：《詩經・衛風・木瓜》：「投我以木桃，報之以瓊瑤。」後世用以稱讚友人贈答的詩文。

陳璘詞三首

作者小傳

陳璘又名結璘，字蘭修，別號寶月。順治時江蘇常熟人。瞿玄錫妻，明末抗清名臣瞿式耜的兒媳。有《藕花莊詞》。由於戰亂，其詞集已佚，傳世之作甚少，但是從僅存之詩詞中，猶可見她對於其翁瞿式耜殉明前後之滿腔悲痛，以及偕夫潛居故里，時刻牽掛其翁在粵抗清之勝敗而憂心忡忡。由於家中生活困苦，不得溫飽，加上國仇家難，其詞眞切動人，正如王煙客序其詩所云：「有鬚眉才子之所不能道者。」

臨江仙 詠簾

嫵媚風光須掩映，瓊軒畫舫朱樓。湘波蕩漾翠波流。只憐妨燕子，常捲上金鈎。

宛罥飛絲粘弱絮，最宜燭影紅幽。藏春彷彿暗香浮。月分千片雪，雨隔一重秋。

【箋注】

此詞爲明末亡時，作者安居於別業中所作。起句說明簾櫳對於景物美化的作用，它使得「瓊軒、畫舫、朱樓」，風光掩映，更增「嫵媚」。湘簾倒影「蕩漾」在「翠波」流水間，又是多麼美妙！「只憐」二句，翻過來寫，垂簾要妨礙梁燕的去來，因而「常捲上金鈎」。下片寫春風將「飛絲」、「弱絮」、粘罥在簾上，映襯著窗內「燭影紅幽」，花香暗襲，春光就藏在簾外。結末五言對句尤爲警策。秋風吹疏簾，月影如「千片雪」飄，是所見之秋夕霽月；秋雨灑重簾，户外自有「一重秋」意，是所聞之秋夜雨聲。寥寥數語，就把春秋、晴雨簾櫳外不同的景物，簾櫳内人的幽雅感受，生動、細緻的描繪出來，正是張炎《詞源》中所云：「大詞之料斂爲小詞」者也。

剔銀燈夜雨

夜半空階細雨。牽引出、千思萬慮。塵滿空廚，煙虛瘦突，巧婦難將字煮。幾聲蛩語。如向我、愁人悲訴。　庭竹颼颼碧聚。幽草助愁難去。未補敝裘，穿殘破絮，還在子錢家住①。萍蹤何處。恨不向、西風化羽。

【箋注】

此詞當作於明亡之後，作者之翁瞿式耜在粤立桂王由榔抗擊清兵，轉戰於兩粤之時。吴偉業《梅村詩話》云：「稼軒（瞿式耜字）倡義粤西，其子伯升，門户是懼。故山別墅皆荒蕪斥賣，無復向者之觀。」陳璘與夫婿瞿伯升（玄錫字）潛居故里之艱辛情景，從此詞中可以略知。起句即點題，由於夜不成眠，「空階細雨」淅瀝，更引起思緒愁慮。「塵滿」四字對句，説明家中斷糧，縱有才智但「巧婦難將字煮」。惟有寒蛩與「愁人」共度長夜。下片從聽風吹庭竹，又想到寒衣。「未補」對句說明「敝裘」、「破絮」之衣，也已押在高利貸處。結末三句，繫念乃翁「萍蹤何處」，不知轉戰於何方？她是個閨中少婦，在艱苦的環境中，她所關心的是抗清復明戰鬥。「恨不向、西風化羽」，她是多麼想自己也能飛向「南明」所在地，投身於戰鬥中去啊！封建時代女詞人有如此抗敵復國的意志，自是難能可貴。

① 子錢家：借錢取利息稱爲「子錢」。放高利貸者，稱爲子錢家。《史記·貨殖列傳》：「吳楚七國兵起時，長安中列侯封君行從軍旅，齎貸子錢，子錢家以爲侯邑國在關東，關東成敗未決，莫肯與。惟無鹽氏出捐千金貸，其息什之。」按：此詞中當指「當店」。

滿庭芳丁巳端陽過春暉閣述懷①

紅綻葵榴，翠添榆柳，佳節喜逢新晴。清幽池館，一棹小舟輕。坐看新荷泛水，驀忽地、嬌轉流鶯。間關語，醒人心目，欲去又遲行。　喧聲。來隔浦，龍舟競渡，錦奪標爭。看時妝艷麗，畫舫鮮明。追想當年此景，西子湖、泣薦離觥。傷心事，沈湘殉粵，今古恨難平②。

【箋注】

此闋作於順治八年（丁巳）端陽節。作者經過乃翁別墅「東皋草堂」中的春暉閣，不勝今昔之感。上片寫花園中初夏景色，由聽鶯聲想到昔時端陽盛況，遂引入下片。「喧聲來隔浦」，賽龍舟、觀競渡，都已成爲追憶了。「西子湖」至結尾轉而寫明亡後的悲傷。她曾與全家「泣薦離觥」餞別乃翁瞿式耜赴粵抗清。「沈湘殉粵」，瞿式耜終於像屈原一樣殉國死難了。作者另有〈清明日過春暉閣祭奠先翁姑〉長詩，從而可知，她塡此詞時，瞿式耜已殉明一年了。

①春暉閣：東皋草堂中一景。《蘇州府志》云：「東皋在常熟縣北郭外拂水橋左。」

②殉粵：瞿式耜字起田，號稼軒。明末江蘇常熟人。萬曆進士，弘光時任廣西巡撫。弘光覆滅，瞿在廣西擁立桂王，抗擊清軍。順治七年，桂林陷，瞿堅決拒降，遂被殺害。（昔時廣東、廣西總稱「兩粵」）

顧貞立詞 八首

作者小傳

顧貞立字碧汾，自號避秦人，順康間江蘇無錫人。清初名詞家顧貞觀之姊，有《棲香閣詞》。她少年時正值明清鼎革之際，清軍入關，明亡，福王在南京另立小朝廷，〈虞美人〉一詞即作於此時。郭麐《靈芬館詞話》評其詞云：「語帶風雲，氣含騷雅，不似巾幗中人。」與侯晉結褵後，以其夫平庸無才，又未考中科第，家境貧困，賴顧貞立刺繡做女紅度日。其後，她望子成龍，亦難如願。中歲抑鬱愁苦，晚景蕭條，貧病交迫，其詞風格一變爲悲涼幽怨，少年時之豪情逸致消磨盡矣。

虞美人

暗傷亡國偷彈淚。此夜如何睡。月明何處斷人腸，最是依然歌舞宴朝陽①。　幾年嘗偏愁滋味。難覓無愁地。欲箋心事寄嫦娥。爲問肯容同住廣寒麼②。

【箋注】

此詞爲作者少年之作。其時正值明亡，福王由崧在南京成立弘光小朝廷。起句點明「暗傷亡國」，終夜不寐爲憂國而「彈淚」。下接言弘光雖在南京建立，但昏庸無能，朝政由奸佞操縱。由崧依然在宮中歡晏，不作抗清之計。她雖是閨中少女，也預料南京小朝廷必然覆滅（翌年即爲清軍消滅了）。下片言在鼎革戰亂中，嘗徧愁苦艱辛，在人間已無處可以「避秦」（她自號避秦人）。結末二句，豐富的想像，增加了感染力。欲覓「無愁」處，只有與嫦娥同住月宮中。用反問句作結，尤耐人尋味。昔日閨秀所作多爲傷春、念遠。她當時年僅十六、七歲，就能關心天下興亡，在女詞人中自是鳳毛麟角的佳作了。

①朝陽：指弘光由崧所居之處。
②廣寒：《天寶遺事》云，唐明皇游月宮，見榜曰：「廣寒清虛之府」。

水調歌頭 得華峰弟信即用書中語①

身世原爲客，何必嘆離居。脚跟不用線繫，天地本吾廬。夢覺池塘芳草②，酒醒曉風楊柳③，縱織採明珠④。五六十本菊，三四千卷書。　渡桃葉⑤，尋彭蠡，訪小姑。漢濱拾翠⑥，此際能無佳句乎。諭檄題橋司馬⑦，作賦登樓王粲⑧，蹤跡古人如。故里莫回首，且自托雙魚⑨。

【箋注】

此爲作者寄弟顧貞觀之作。勉勵其弟，以天地爲廬，志在四方。「夢覺」兩句言其弟之才華如謝靈運與柳永。過片三字句言其弟游蹤所至之處，皆爲名勝古蹟，山川靈秀，佳作必多。並祝願他功成名立，如司馬相如與王粲。結句囑咐寄書信，互慰離思。

①華峯：顧貞觀字華峯，別號梁汾。清初著名詞家，有《彈指詞》。
②夢覺池塘芳草：鍾嶸《詩品》說謝靈運每有篇章，對惠連輒得佳語。嘗於永嘉西堂思詩，竟日不就，忽夢惠連，即得「池塘生春草」詩句。
③酒醒曉風楊柳：宋．柳永詞〈雨霖鈴〉：「今宵酒醒何處？楊柳岸、曉風殘月。」
④縱纜採明珠：李白詩：「觀心同水月，解領得明珠。」按：比喻詩才清朗。
⑤渡桃葉三句：桃葉渡在今南京。晉王獻之送其妾桃葉從此渡江，並作歌（見《樂府詩集》）。尋彭蠡，江南鄱陽湖古名彭蠡。訪小姑，小姑山即小孤山，在彭澤縣大江中。
⑥漢濱拾翠：《昭明文選》曹植〈洛神賦〉：「從南湘之二姬，攜漢濱之游女。」又云：「或採明珠，或拾翠羽。」
⑦諭檄題橋一句：《漢書．司馬相如傳》，司馬相如以獻賦「爲郎數歲，會唐蒙……用軍興法誅其渠率，……上聞之，乃遣相如責唐蒙等，因諭告巴蜀民以非上意，檄曰……。」後相如出使，通西南夷有功。《華陽國志》謂蜀大城北十里有升仙橋、送客觀，相如初入長安時，題其門曰：「不乘赤車駟馬，不過汝也。」
⑧登樓王粲：《昭明文選》有王粲〈登樓賦〉。
⑨雙魚：《玉臺新詠》蔡邕詩：「客從遠方來，遺我雙鯉魚。呼兒烹鯉魚，中有尺素書。」《嫏嬛記》：「朝

鮮厚繭紙作鯉魚函，兩面皆畫鱗甲，腹下可令藏書，此古人尺素結魚之遺制也。」後世遂以「雙魚」稱書信。

滿江紅

墮馬啼妝①，學不就，閨中模樣。疏慵慣，嚼花吹葉，粉抛脂漾。多病不堪操井臼②，無才敢云嫌天壤③。看絲絲，雙鬢幾時青，空勞攘。　應不作，繁華想。收拾起，淒涼況。向牙籤境內④，自尋幽賞。昨夜樓頭新夢好，輕風吹送瑤臺上。散閑愁，高枕是良方，飛瓊餉⑤。

【箋注】

此詞爲作者與侯晉婚後所作。上片前五句，言結褵後仍然躭於雅咏而不喜濃妝。下接七言句「無才敢云嫌天壤」，一語道破作者內心的愁苦：只因夫婿平庸無才，自己身爲婦人，只能「操井臼」，不能考科第，勞碌一生，難望出頭之日。過片四句承上而言，休作「繁華」夢想，也勿嘆家境「淒涼」，只有在書中覓取「幽賞」。「昨夜」至結末，更進一層來說，在現實生活中充滿愁苦，惟有在睡夢中，與瑤臺仙女邀游，才能逍遙自在。從這闋詞來看，作者嫁後，由於「天壤王郎」之幽怨，她的塡詞風格與少女時代的豪宕瀟灑有所不同了。

①　墮馬啼妝：《後漢書·梁冀傳》說冀妻孫壽「色美而善爲妖態，作愁眉、啼妝、墮馬髻。」注引《風俗通》云：「墮馬髻側在一邊。」

②井臼：從井中汲水，用杵臼舂米，皆古代婦女的家務勞動。

③無才敢云嫌天壤：晉代才女謝道韞嫁王凝之，認爲其夫才智平庸，故對叔父謝安說：「不意天壤之間，乃有王郎。」

④牙籤：象牙製的書籤，掛在每部書上，以辨別圖書分類及書名。韓愈詩：「鄴侯家多書，插架三百軸。一一懸牙籤，新若手未觸。」

⑤飛瓊：許飛瓊，古仙女名。《本事詩》說許渾夢登崑崙山，見數人飲酒賦詩云：「曉入瑤臺露氣清。座中惟有許飛瓊。塵心未斷俗緣在，十里下山空月明。」

南鄉子二首（有序）

壬子仲冬，同表妹張夫人小舟出西關。濕雲連天，欲雨不雨，淒涼景況，黯然銷魂。憶從禮懺華藏，曾縱纜於此，風和日暖，迥異斯時。彈指韶華，抑何速耶？因記以二詞，其二和張韻。華藏多櫻花，故落句及之。

消盡夜來霜。落木蕭疏雁數行。一寸橫波凝望處①，瀟湘。無限江山送夕陽。　羞說擅詞場。總是愁香怨粉章。安得長流俱化酒，千觴。一洗英雄兒女腸。

其二

携酒載嬋娟。剪葉爲帆藕作船。重繫烏堤衰柳下，淒然。分付夕陽慘淡煙。　誰與語寒泉。瘦影低鬟照可憐。不似清和風日好，湖邊。紅綻櫻桃月正圓。

壬子是康熙十一年，作者與表妹至無錫華藏寺禮佛。從小序中，可知作者嫁後，由於對夫婿不滿意，且家境貧困，回憶疇昔未嫁時之歡欣與今日之愁苦，觸景生情，自是「黯然銷魂」。第二闋下片，寒泉映瘦影，與昔時圓月照紅櫻對比，寓情於景，感慨系之。

【箋注】

①橫波：眼神斜睨。《昭明文選．舞賦》：「眉連娟以增嬈兮，目流睇而橫波。」

滿江紅憶遠，時蓉濱北游。

雁泣西樓，天亦瘦、慘紅愁翠。難消受、長歌當哭，孤燈瀉淚。典盡難留嫁日衣①，醉來卻喜書空字②。問斷腸，吟就是何題，長門句③。屏山靜，爐煙細。聽不了，寒蛩砌。數離愁多少，撐天塞地。故國迷漫殘照外，美人宛在瀟湘裏④。坐閨中，對此可憐宵，人憔悴。

【箋注】

此詞是作者之夫侯晉（字蓉濱）北游時所作。全詞皆言自己處境困苦，嫁衣典盡，咄咄書空；夫婿遠游，空閨獨守。下片更細緻的描繪秋夜的離愁幽怨「撐天塞地」。長歌當哭，人自憔悴矣。

①典盡難留嫁日衣：以衣物抵押向當店借款，謂之典當。唐．杜甫詩：「朝回日日典春衣，每向江頭盡醉歸。」

②醉來卻喜書空字：《世說新語》云：「晉殷浩被黜，終日書空，作『咄咄怪事』四字。」

③長門句：漢武帝之陳皇后失寵，退居長門宮，愁悶悲思，聞司馬相如工文章，奉黃金百斤，司馬相如爲作〈長門賦〉。

④瀟湘：《水經注．湘水》：「大舜之涉方也，二妃從征。溺於湘水，神游洞庭之淵，出入瀟湘之浦。」又《博物志》：「堯之二女，舜之二妃曰湘夫人。舜崩，二妃啼，以涕揮竹，竹盡斑。」按此詞中言作者終日啼哭如二妃。

念奴嬌並序

甲辰送麟兒就試，有：「北堂人未老①，青鬢約金冠」之句。回首十年，依舊頭顱如許，可勝三嘆。

香消夢覺，黯然驚、又早浮生半百。青鬢華封當日語②，添取幾絲華髮。綺思紛來，迴文自解③，總是前生業④。空中臺閣⑤，醉時書破四壁。　回首辛苦三遷⑥，雞窗十載⑦，千里經風雪。倚閭高堂愁日暮⑧，望斷鳳城雙闕。杏雨沾衣⑨，曲江春暖⑩，此願知何日。少年莫負，花明柳綻時節。

【箋注】

此詞言作者盼望其子考中進士，但由四十到五十餘歲，十載以來，俱難如願以償。由於她對夫婿有「天壤王郎」之怨，遂望子成龍，但終是徒然空想耳。

①北堂二句：《詩經．衛風》：「焉得諼草，言樹之背」。毛傳：「背，北堂也」。按：諼草，即萱草。金冠，昔時兒子爲官，母可受誥封，金冠是有誥封婦女之禮服，俗稱「鳳冠霞帔」。

②華封：《莊子．天地》：「堯觀乎華，華封人曰：『嘻！請祝聖人，使聖人壽，使聖人富，使聖人多男子。』」後世以「華封三祝」爲祝賀之詞。

③迴文：晉．蘇蕙織錦作迴文詩，共八百餘言，縱橫反復，皆成章句。（見《晉書．列女傳》）後世詩人所作迴文詩，大抵爲每句順讀、倒讀皆能叶韻成詩。

④前生業：佛教語。梵語「羯磨」譯爲「業」，包括思想、行爲、語言。「業」有善有惡，一般指惡業。此詞中說她自己喜詩詞，多感慨亦是前生惡業，受懲罰之意。

⑤空中臺閣：即海市蜃樓之意。此詞中言她在十年前盼望其子考中進士，皆成虛幻空想。

⑥三遷：戰國時孟軻之母曾三次遷居，使其子有良好的讀書環境。（詳見劉向《列女傳》）趙岐《孟子》序云：「孟子生有淑質……，幼被慈母三遷之教。」

⑦雞窗：《白帖》云：「宋處宗得一長鳴雞，籠著窗間。雞作人語，與處宗談論終日。」後世乃以稱書齋之窗。唐．羅隱詩：「雞窗夜靜開書卷。」

⑧倚閭：《戰國策．齊策》：「王孫賈年十五事閔王。王出走，失王之處。其母曰：『汝朝出而晚來，則吾倚門而望。汝暮出而不還，則吾倚閭而望。……』」按周制廿五家爲里，里必有門，謂之閭。

⑨杏雨沾衣：進士發榜在春季，故云杏雨。鄭谷〈下第〉詩：「未嘗青杏出長安。」

⑩ 曲江：是唐代長安風景勝地。《唐國史補》：「進士大宴於曲江亭子，謂之曲江會。」按此借指北京。作者期望其子考中進士，以償夙願。

滿江紅

剪綵爲花，曾譜出、空中金屋。翻花樣、龍飛鳳舞，碧梧修竹。閉戶再添今夜線，停針便換明朝粟。到如今、袖手任長貧，眞堪哭。　春蠶繭、絲難續。西山日①，風吹燭。笑浮生幻影，一場蕉鹿②。久病不求靈藥免，無聊再整殘書讀。腕生生、眞覺筆如椽③，教兒錄。

【箋注】

此詞爲作者晚歲病重時所塡。起句至「碧梧修竹」皆言其精工刺繡，擅長剪紙，花樣翻新，女紅妙手。「閉戶」一聯，言夜工辛苦，家貧全賴她出售繡品，謀生糊口。可知其夫及子皆未能考中科第，無有官職俸祿，亦無產業。晚年不能刺繡，則「袖手任長貧」了。過片四個三字句，俱言她自己風燭殘年，此生休矣。下接四句，言浮生如夢幻，老病交迫，無聊時仍以「殘書」遣悶。結尾三句言如今「腕生生」難以執筆，但猶能吟咏，「教兒」代筆。女詞人自寫一生坎坷，三百年後，讀此詞「眞堪」同聲一「哭」。

① 西山日二句：比喻人老將死。李密〈陳情表〉：「但以劉（祖母）日薄西山，氣息奄奄，人命危淺，朝不慮

夕……。」（見《隋書・李密傳》）古詩：「百年未見時，儼若風吹燭。」

②蕉鹿：《列子・周穆王篇》：「鄭人有薪於野者，遇駭鹿，御而擊之，斃之。恐人之見也，蘧而藏諸隍中，覆之以蕉。……俄而遺其所藏之處，遂以爲夢焉……。」

③筆如椽：椽，屋上椽木。原爲稱讚人之文章及書法，謂之「大筆如椽」。此詞中反用其意，言自己老病衰弱，手腕無力執筆，只得教兒子代筆。

薛瓊詞三首

作者小傳

薛瓊字素儀，康熙間蘇州人，有《絳雪詞》。與夫李崧偕隱於鵝湖。由於明清鼎革之際，高尚之士重節操，不肯降清即不應試科第，李崧就是一個布衣、終身不仕者。薛瓊與夫同心佳侶，甘於淡泊生活。其詞多寫隱居山林之樂，無有憂愁悲傷之感，是女詞人中罕見之隱逸者。

小重山

曉風吹我過山塘①。山藏雲霧裡，影微茫。紅闌翠幕白堤長。輕舫動，人在畫中行。

滿路鬥芬芳。携筐爭早市，賣花忙。家家妝閣試新妝。拈鮮朵，點綴鬢雲香。

【箋注】

此詞上片寫江南水鄉清曉，舟行所見，景物幽美。下片寫沿途花市盛況，由街市至妝閣，一片芬芳，令人神往。

① 山塘：在蘇州市北。唐白居易爲刺史時所鑿，上承運河。

沁園春　同芥軒賦

利鎖名韁①，蠅頭蝸角，且自由它。幸瓶中鼠竊，尚餘菽粟，畦邊蟲食，還剩蔬瓜。隨意盤餐，尋常荊布②，無愧風流處士家。齊眉案③，看鬢雪髭霜，漸老年華。何妨嘯傲煙霞。喜到處徜徉景物賒。且籃輿同眺④，青山紅樹，篷窗共汎，白露蒼葭⑤。出不侵晨，歸常抵暮，稍有囊錢便買花。隨兒女、各經營耕織，檢點桑麻。

【箋注】

此詞上片起句就說明作者人生觀，她認爲追求名利是自尋韁鎖，所以夫婦偕隱。蔬食布服，琴瑟和諧，齊眉偕老。下片言山居景物宜人，教育兒女，耕織爲業。非但她夫婦隱居山林，亦希望其子勿入仕途。

① 利鎖名韁：宋．柳永〈夏雲峯〉詞：「向此名韁利鎖，虛費光陰。」

② 荊布：荊釵布裙，古代婦女儉樸衣妝。劉向《列女傳》謂梁鴻妻孟光「常用荊釵布裙」。

③ 齊眉案：《後漢書．梁鴻傳》：「爲人賃舂，每歸，妻爲具食，不敢與鴻前仰視，舉案齊眉。……」按：據《廣雅．疏證》，「案」爲盛食物之盤而有足者，即今「高腳盤」。

④ 籃輿：形似竹椅，兩人抬的轎子。

⑤ 白露蒼葭：葭，蘆葦之類，生於水濱。《詩經．秦風》：「蒹葭蒼蒼，白露爲霜。」

鷓鴣天

五月家園花未疏。葵榴爛熳間菖蒲。齒沾酸味嘗青杏，甲染清香摘紫蘇①。　耽午夢，嬾朝梳。挨延長日飯工夫。嗔予無過癡兒女，爭繫新興續命符②。

【箋注】

此詞寫端陽時節之景物、風俗，明白如話，情趣盎然。「齒沾」、「甲染」一聯，描寫人物動態、初夏景色，歷歷如繪。

①紫蘇：草名，芳香的中藥，可供食用。

②續命符：據《荊楚歲時記》，五月五日以五綵絲繫臂，又名長命縷、續命縷，俗謂可避災難。按：此云「新興」者，似指後世端陽民間佩帶各式香袋之類。

吳綃詞 六首

作者小傳

吳綃字冰仙，又號素公，康熙時蘇州人，有《嘯庵詞》。她於詩詞之外兼擅書畫，通音律，古琴、絲竹無所不能。出身望族，其詩中稱清初大詩人吳偉業為大兄，當為同族兄妹。她的丈夫許瑤亦能詩，吳綃對其夫婿開始很滿意，結褵之日曾賦〈賀新郎〉詞，充分表達了喜悅、幸福和對夫婿的期望。這首詞是封建時代女詞人自詠「洞房花燭夜」空前的創舉。豈知許瑤是個負心郎，他考中進士後，登上仕途，就在外另納新寵，棄原配妻室於故里，不再重返家園。吳綃無可奈何，誦經修行，度過孤寂悲傷的一生。她的詞情眞語摯，字字皆肺腑之言。從她的作品中，可見其一生之悲歡變化，也反映了封建時代才媛遇人不淑之共同遭遇。

滿江紅 和曹顧庵年伯①

秋近江南，荷香處、綠波煙漲。消永晝、一觴一咏②，葛巾無恙③。文筵不須陳玳瑁④，淋漓醉墨瑤箋上。膾松陵⑤、新釣四鰓鱸⑥，漁家餉。　小鼎中，輕雲漾。險韻句⑦，頻頻唱。也勝它，黃公壚畔⑧，共斟村釀。細雨曾催杜老詩⑨，花開不待三郎杖⑩。看群賢、滿座似神仙，蘭亭狀⑪。

【箋注】

作者塡此闋和韻詞，尚係閨中少女。曹顧菴作〈滿江紅〉疊韻十六闋之多，當時名流和唱甚眾，吳綃僅十七、八歲即與前輩唱和，可知她自幼精研聲律，不同凡響。

① 曹顧菴：清初名詞家曹爾堪之別號。著有《南溪詞》。尤展成評其詞云：「顧菴工於寓意，發為雅音。品格在周、秦、姜、史之間。」

② 一觴一咏：晉永和九年暮春，謝安、王羲之等會於山陰之蘭亭修褉。王羲之作〈蘭亭集序〉，文中有云：「一觴一咏，亦足以暢敘幽情。」

③ 葛巾：《宋書・陶潛傳》：「值其酒熟，取頭上葛巾漉酒畢，還復著之。」

④ 玳瑁：形似龜，甲片有花紋，古代華貴用具作為裝飾品。唐・李白詩：「歌舞淹留玳瑁筵。」

⑤ 松陵：《清一統志》云：「吳江一名松陵江。」宋・姜夔詩：「醉中過盡松陵路，回首煙波十四橋。」

⑥ 四鰓鱸：據說松江鱸魚有四鰓，味最鮮美。宋・陸游〈紀夢〉詩：「團臍霜蟹四鰓鱸，樽俎芳鮮十載無。」

⑦ 險韻：作詩用生僻字叶韻。例如蘇軾作雪詩用「尖、叉」韻。

⑧ 黃公壚：壚是古代酒店堆放酒甕之土臺，用以借指酒店。《晉書・王戎傳》：「嘗經黃公酒壚下，顧謂後車客曰：『吾昔與稽叔夜、阮嗣宗酣飲於此……』」。

⑨　細雨曾催杜老詩：杜甫詩：「片雲頭上黑，應是雨催詩。」

⑩　花開不待三郎杖：《羯鼓錄》謂，唐明皇通曉音律，尤愛羯鼓。嘗於二月初詰旦，宿雨初晴，景物明麗，「臨軒縱擊一曲，曲名〈春光好〉，神色自得。及顧柳、杏已發坼，上指而笑曰：『此一事不喚我天公可乎？』」

⑪　蘭亭：見注②

附錄：曹顧菴《南溪詞》中〈滿江紅〉疊韻十六首之一：

柳浪方高，桃花雨、一村都漲。應自慰、春風未老，故園無恙。籬筍新抽江燕出，蘆芽半捲河豚上。豆畦邊、薺美採盈筐，東鄰餉。　柴門外，微波漾。芳樹杪，時禽唱。好邀來春社，細斟家釀。歡喜兒童鴨腳果，逍遙父老蛇條杖。恕余頑、醉後越癡狂，眞無狀。（按：原作下片第五句全依定格，吳綃和韻「也勝它」有襯字。）

賀新郎

花滿藍橋路①。畫眉郎②、春情似海，屏開金羽③。錦綉香車珠翠擁，一派銀箏畫鼓。看鸞鳳、繞身飛舞④。椽燭花紅光似晝⑤，綵氈鋪⑥、緩緩移蓮步。煙篆起，博山霧⑦。　人間天上相逢處。隱羅幃、千回萬轉，未容輕許。漏點不禁良夜短，月落嫦娥厮妒。迴玉枕、鴛鴦交語。兩兩同心雙結取⑧。笑楚臺、當日巫山雨⑨。常比翼⑩，白頭誓。

【箋注】

此詞起句用裴航遇雲英的典故，點明作者對於雀屏中選的夫婿非常滿意。接著說她的「畫眉郎」以「錦幄香車」（指花轎）、「銀箏畫鼓」來迎娶新娘。以下即寫她自己身穿華麗的禮服，下轎進入夫家的情景。紅燭高燒，紅氈鋪地，博山爐中散發著香霧。舉行婚禮時的描繪，也表現出作者當時激動、喜悅的情感。下片她更以細膩的筆觸，寫出洞房花燭夜旖旎的風情。她自己從少女的嬌羞到兩情繾綣，良宵恨短，嫦娥也要厮妒。「迴玉枕」以下，同心初結，情語纏綿。結末反用巫山神女故事來說明夫婦結褵，並非朝雲暮雨，而是比翼雙飛，白頭偕老。昔時女作家自己描繪新婚之夜的歡樂如此眞切，自是從未曾有的絕妙好詞。

① 藍橋：唐人小說〈裴航〉云：裴航應試落第，乘舟遇樊夫人，投詩贈之。樊夫人答詩：「一飲瓊漿百感生。玄霜搗盡見雲英。藍橋便是神仙路，何必崎嶇上玉京。」後裴經藍橋驛（在陝西省），渴甚，求飲，有老嫗喚孫女雲英持漿一甌飲之。裴見雲英姿容絕世，因憶及樊夫人詩，即欲娶雲英爲妻。老嫗云欲搗仙藥，索玉杵爲聘。裴航乃求得玉杵，爲搗藥百日，遂與雲英結爲夫婦。樊夫人乃雲英之姊也。

② 畫眉郎：《漢書・張敞傳》：「敞爲婦畫眉，長安中傳張京兆眉嫵。」

③ 屏開金羽：《唐書・竇皇后傳》：「后父毅以女有奇相，且識不凡，何可妄與人？因畫二孔雀屏間，請婚者使射二矢，陰約中目則許之。射者閱數十，皆不合。高祖最後射中各一目，遂歸於帝。」

④ 看鸞鳳繞身飛舞：指彩繡禮服。

⑤ 椽燭：高大如椽的花燭。

⑥ 綵氈：昔時新娘下轎步入禮堂，地上鋪紅氈。

⑦ 博山：香爐。（見徐燦詞〈永遇樂〉注①）

⑧ 同心結：用錦帶製成菱形連環結，象徵愛情。梁武帝詩：「腰中雙綺帶，夢為同心結。」

⑨ 笑楚臺當日：宋玉〈高唐賦〉說昔者先王嘗游高唐，夢見一婦人自言為巫山神女，「王因幸之。去而辭曰：『妾在巫山之陽，高丘之岨。旦為朝雲，暮為行雨。朝朝暮暮，陽臺之下……。』」（見《昭明文選》）

⑩ 比翼：《爾雅》謂南方有比翼鳥焉。不比不飛。其名謂之鶼鶼。唐・白居易〈長恨歌〉：「在天願為比翼鳥，在地願為連理枝。」

蝶戀花 送舉①

陌上槐花人欲去。萬種思量，無計教伊住。枕畔星星和淚語。傷心此夜天將曙。

旅舍風塵留客處。僕馬紛紜，千里京華路。月裡一枝君自許②。看花好與花為主。

【箋注】

詞題「送舉」，作者送夫許瑤赴北京應考進士。上片起句點明許瑤已是舉人。清制，已中舉者春季在北京會試，古代諺語云：「槐花黃，舉子忙」。以下四句皆寫與夫婿離別前夕的心情。下片前四句是作者掛念許瑤旅途辛苦，風塵僕僕。結末二句為作者平時對夫婿的了解：許瑤此次應試有把握進士及第，但其人輕浮，求得功名，必將尋花問柳，另納姬妾。與上片中「萬種思量，無計留伊住」聯繫起來，便可知她已料及許瑤如名登金榜，夫妻間的愛情即將發生變化，所以在別離前夜，極爲「傷心」。

① 送舉：送其夫（已是舉人）赴京應試之謂。按：明清考試制度，士子初試，考進縣學爲「生員」，俗稱秀才。再到省城「鄉試」，考中者爲「舉人」。然後到北京「會試」，考中則爲「進士」，其第一名俗稱「狀元」。

② 月裡一枝君自許：《避暑錄話》：「世以登科爲折桂。其後以月中有桂，故又謂之月桂。」按：詞中之意是許瑤自己有把握考中進士。

蝶戀花 問第①

正是紅閨三月暮。鵲喜雙雙②，莫道無憑據。拭盡啼痕千點雨。泥金兩字傳佳語③。

莫問離情愁幾許。壁上屏間，題徧懷人句。得得馬蹄狂似絮④。不知今夜眠何處。

【箋注】

這闋詞是作者得到其夫金榜題名，高中進士的喜報後所作。可是她爲何悲喜交集呢？喜的是夫君登高科，將入仕途，悲的是她和許瑤間的愛情也就要破裂了。下片前三句說她極思念其夫，「壁上屏間」題滿別恨離愁的詞句。但是，夫君「春風得意馬蹄驕」，必然會去尋花問柳。「不知今夜」眠在那處歌樓之中？小令僅寥寥數語，她的複雜情感都已表現出來了。

①問第：科舉考試分甲乙等第。考取的稱「及第」，榜上無名者稱「落第」。作者探詢其夫是否考中，故題爲「問第」。

②鵲喜：世俗以鵲聲鳴叫爲喜事來臨之預兆。馮延巳詞「舉頭聞鵲喜」。

③泥金：用金屑塗飾的箋紙。《開元天寶遺事》：「新進士及第，以泥金書帖子，附於家書中。在鄉曲親戚，例以聲樂相慶，謂之喜信。」

④得得馬蹄狂似絮：宋·蘇軾詩：「一色杏花紅十里，新郎君去馬如飛」，「新郎君」指新中進士的人。

雙雙燕

樓臺日暖，倒影池塘，動搖金碧。欄干愁倚，垂楊無力。門外青青草滿①，埋沒盡、當日行跡。爭堪白晝遲遲，光射紗窗塵隙。陌上金鞍繡轂。恨薄倖無端②，五陵狂客③。撩花惹柳，誤煞錦屏琴瑟④。轉眼匆匆九十。又紅雨、桃蹊狼藉。愁眠雨過黃昏，一夢等閑拋擲。

【箋注】

這闋詞是作者自嘆被許瑤遺棄後，獨居深閨的情景。她從前憂慮的一切，都已成爲現實。上片說她在故里「欄干獨倚」，思念許瑤。門外青草「埋沒盡、當日行跡」，她的丈夫已久不歸家了。下片明顯指出許瑤如今已是「金鞍繡轂」登第做官，成爲新貴，也就變成「薄倖」人了。

像那些「五陵狂客」一樣在外「撩花惹柳」，拋棄昔日「琴瑟」和諧的妻室。「九十」春光，匆匆過去，春天不正似她和許瑤新婚後共度過的美好時光嗎？可惜這美好的時光，猶如一場春夢「等閒拋擲」，徒自悲傷而已。

① 門外青青草滿二句：唐・李白詩：「別來青青草，春盡秋轉碧。掃盡還更生，萋萋滿行跡。」

② 薄倖：薄情、負心。

③ 五陵狂客：漢代皇帝陵墓附近皆令豪富、外戚遷來居住。最著名的豪富住宅區是「五陵」，包括長陵、安陵、陽陵、茂陵、平陵。唐・杜甫詩：「同學少年多不賤，五陵衣馬自輕肥。」又白居易詩：「五陵年少爭纏頭。」

④ 琴瑟：《詩經・周南》：「窈窕淑女，琴瑟友之。」以琴瑟和諧比喻夫妻恩愛。

河滿子 自題彈琴小像

最愛朱絲聲淡，花前漫撫瑤琴。世上幾人能好古，高山流水空尋①。目送飛鴻天外②，白雲遠樹愔愔。

彈到孤鸞別鶴③，淒淒還自沾襟。指下宮商多激烈，平生一片冰心④。若話無絃妙處⑤，何須更問知音。

【箋注】

此詞是作者被許瑤遺棄後自題小像所作。選調〈河滿子〉自是有意爲悲傷之吟。唐人詩：「一聲何滿子，雙淚落君前」（何同河）。自嘆世無知音，遇人不淑，獨居撫琴，「彈到離鸞別鶴」之曲，徒自「沾襟」而已。結句言悲傷亦難挽回婚姻之不幸，應如陶潛之曠達，琴上無絃，亦無須知音之人矣。

①高山流水：《列子．湯問》：「伯牙善鼓琴，鍾子期善聽。伯牙鼓琴，志在登高山。鍾子期曰：『善哉！峩峩兮若泰山！』志在流水，鍾子期曰：『善哉，洋洋兮若江河！』伯牙所念，鍾子期必得之。」
②目送飛鴻：晉．嵇康詩：「目送飛鴻，手揮五絃。」
③孤鸞別鶴：晉．陶潛詩「上絃驚別鶴，下絃操孤鸞。」
④冰心：比喻品行純潔，表裡如一。南朝宋．鮑照詩：「清如玉壺冰。」唐．王之渙詩：「一片冰心在玉壺。」
⑤無絃：《宋書．隱逸傳．陶潛》：「潛不解音律，而蓄素琴一張，無絃。每有酒適輒撫弄以寄其意。」

袁寒篁詞 四首

作者小傳

袁寒篁，康熙時江蘇華亭人，有詩詞集《綠窗小草》。她的父親袁子平是隱逸貧士，母早卒，無兄弟，僅有一妹。她有〈寫懷〉詩云：「甑生蛛網釜生魚。不但瓶空罍亦虛。筆硯近來都典盡，夢中猶自哭琴書。」可知她家貧如洗，仍好讀書，工吟咏。焦袁熹序其集云：「伶仃孤苦，遭遇艱辛，父女二人相依爲命。」葉受錫題其集云：「雪裡袁安老大姑。堂前膝下自歡娛。我來急買松江絹，好倩人描孝女圖。」從此首詩意看來，她是守貞不嫁者。其詞清幽淡雅，一如其人。

減字木蘭花 秋感

秋來憔悴。中心如繫神如醉。樹樹丹楓。都是愁人淚染紅。　那堪素月。前宵圓滿今宵缺。課妹縫裳。慘絕燈前不見娘。

【箋注】

作者讀書不多而感情眞摯，因而語言樸素，明白如話。「霜葉紅於二月花」，但在愁人眼中卻是斑斑血淚。結句點出，痛慈親之見背，故「秋來憔悴」。首尾呼應，小令亦見章法。

憶秦娥 詠柳

芽初茁。柔條綠透鶯聲咽。鶯聲咽。眼舒眉展，翠描金抹。　依稀倦舞東風歇。婷婷嫋嫋難攀折。難攀折。花飛春暮，潔清如雪。

【箋注】

此詠柳詞，別具高格。柳芽似初舒青眼，柳眉如抹金翠眉。柳條「婷婷嫋嫋」卻高不可攀，柳花飄散而「潔白如雪」。謝道韞以絮比雪，此則翻過來比擬，自覺清新幽雅。

望江南 別梅

孤高性，應是惜惺惺。不假鉛華甘素淡，天然世外一仙英。別是玉娉婷。　傷心處，人去冷清清。回憶小庭霜月裡，疏枝瘦到隔窗橫。一片玉壺冰。

【箋注】

作者家世寒素，詠梅詠柳，皆爲自己寫照。「不假鉛華甘素淡」，與梅花惺惺相惜，玉潔冰清，表裡澄徹，人與花同。

踏莎行

寂寞寒窗，閉門靜掩。春光也到青苔院。惜春又恐爲春愁，垂簾不與春相見。　貧典琴書，病疏筆硯。夢魂空逐飛花片。恨無六翮可摩雲，翻教不及秋鴻伴。

【箋注】

此詞上片寫春到貧家，無限感慨。「惜春」二句尤爲淒婉，即從辛稼軒〈祝英臺近〉「是他春帶愁來，春歸何處？卻不解帶將愁去」化出，而更深一層。由於怕見春光帶愁來，索性「垂簾不與春相見」。下片言貧病交迫，雖有才華，無處施展，更與上片呼應，既然不願見春光，而夢魂仍「逐飛花片」，猶想高飛遠翔。身爲女子徒自恨難奮「六翮」而凌雲，就是像「秋鴻」那樣遠飛亦不可能，惟有長守閨閫之中，科第功名，外出求職，俱是妄想。這也是封建時代，有才智的女士共同的悲憤呼聲！

張蘩詞 二首

作者小傳

張蘩字采于，康熙間江蘇吳縣人。吳士安妻，有《衡棲詞》。蔣景祁《瑤華集》（清初人詞選）評云：「采于師晦菴（尤侗別號），亦復不愧其學。」

清平樂 寄滌菴姊

重門深閉。聽盡黃梅雨。千遍人慵猶未起。魂斷臨歧別際。一天離恨分開。同攜一半歸來。日暮孤舟江上，夜深燈火樓臺。

【箋注】

上片寫離別前夜至清曉臨歧情景。下片承上，四句俱精鍊。二人各攜「一半」離愁，行者在「孤舟」，送者在「樓臺」。寓情於景，對句佳妙。

燭影搖紅 尤悔菴太史索新詞刻《燃脂集》中，辭謝①。

檢點奚囊②，牢騷半是窮途恨。漫勞收劍惜隋珠③，白璧猶藏韞④。未必青緗能領⑤。敢齊驅、班紈竇錦⑥。採藥龐門⑦，操舂皋廡⑧，已拚淪隱。　步障清談⑨，料應不似當年韻。衹將刀尺作生涯，硯匣塵盈寸。搔首青天難問。借宮商、聊舒幽憤。更何須向，繡閣香奩，爭奇矜勝。

【箋注】

此詞是作者辭謝尤侗（悔菴）擬將她的詞交給王士祿，編入所選歷代女作家詩文總集《燃脂集》中。全詞皆自謙之語，言己作不足取，皆爲牢騷幽憤之章；且「已拚淪隱」，不願留名於世。

① 尤悔菴二句：尤悔菴名侗，清康熙進士，官翰林院檢討，有《百末詞》。《燃脂集》，王士祿編選之女作家詩文總集。未成書，僅存〈體例〉刻在《昭代叢書》中。

② 奚囊：陸龜蒙〈書李賀小傳後〉：「長吉（李賀字）常時旦日出游。從小奚奴，騎距驢，背一古破錦囊，遇有所得，即書投囊中。暮歸，足成其文。」（見清・王琦注《李長吉歌詩匯解》）

③ 隋珠：《淮南子・覽冥》：「譬如隋侯見大蛇傷斷，以藥傅之。後蛇於江中銜大珠報之。因曰：『隋侯之珠』。」

④ 韞：藏。《論語・子罕》：「有美玉於斯，韞匵而藏諸？求善價而沽諸？」

⑤ 青緗：緗帙是線裝書外面的封套，亦爲書籍之代稱。

⑥ 班紈竇錦：漢・班婕妤〈怨歌行〉：「新裂齊紈素，皎潔如冰雪。裁作合歡扇，團圞似明月。」《晉書・竇滔妻蘇氏傳》：「名蕙字若蘭，善屬文。滔苻堅時爲秦州刺史，被徙流沙。蘇氏思之，織錦爲迴文旋圖詩以

贈滔。宛轉循環以讀之，詞甚悽惋，凡八百十字。」

⑦ 採藥龐門：《後漢書．龐公傳》：「龐公者，南郡襄陽人也。居峴山之南，未嘗入城府，夫妻相敬如賓。荊州刺史劉表數延請，不能屈。……後攜其妻子登鹿門山，因採藥不返。」

⑧ 操舂皋廡：《後漢書．梁鴻傳》：「遂至吳，依大家皋伯通。居廡下，爲人賃舂。每歸，妻爲具食，不敢仰視，舉案齊眉。伯通察而異之，曰：『彼傭能使其妻敬之如此，非常人也。』」

⑨ 步障清談：《晉書．王凝之妻謝氏》：「字道韞，安西將軍奕之女也。聰識有才辨。……凝之弟獻之嘗與賓客談議，詞理將屈，道韞遣婢白獻之曰：『欲爲小郎解圍。』乃施青綾步障自蔽，申獻之前議，客不能屈。」

顧姒詞 二首

作者小傳

顧姒字啓姬，康熙間浙江錢塘人。諸生鄂曾妻，有《靜御堂翠園集》。她詩詞俱佳妙，其夫婿嘗於九日集飲作詩限「蟹」韻，啓姬代作，詩末云：「予本淡蕩人，諸書不求解。《爾雅》讀不熟，蟛蜞誤爲蟹。」王漁洋見之大驚嘆。她並精音律，所製詞曲亦爲漁洋所稱讚。（見《杭郡詩輯》）

桃園憶故人 寄姊重楣

經年怕睹天邊月。做盡淒涼時節。不解離人傷別。倏忽圓還缺。　東風昨夜吹魚帖。半幅新詞淒絕。誰道關山隔越。歷歷燈前說。

【箋注】

上片以月之圓缺喻人之聚散。下片言讀姊詞猶如對語燈前，情景眞切動人。

滿江紅 泊淮示夫子①

一葉扁舟，輕帆下、停橈古岸。燈火外、幾株疏樹，人家隱見。漂母祠前荒草合②，韓侯臺上寒雲斷。嘆從來、此地困英雄，江山慣。　窮愁味，君嘗遍。人情惡，君休嘆。問前村有酒，金釵拚換③。舉案無辭今日醉④，題橋好遂他年願⑤。聽三更、怒浪起中流，魚龍變。

【箋注】

此詞上片寫舟泊淮河景物，夜色迷茫，遙望漂母祠和韓侯臺一片荒涼。「歎從來」以下從攬勝弔古而引入下片，勸慰夫君，勿因一時困頓而氣餒，應效古代英豪，奮發圖強，他年自能名成功立。作者心胸曠達，聲情爽朗，自是女詞人中不可多得之佳作。

①夫子：古代妻對夫之尊稱。

②漂母祠前荒草合二句：《史記．淮陰侯列傳》謂淮陰侯韓信為布衣時貧無食，有一漂母（原注云：以水擊絮為漂）見信飢，與之食。其後韓信封楚王，「召所從食漂母，賜以千金。」

③金釵拚換：唐．元稹〈遣悲懷〉詩：「顧我無衣搜藎篋，泥他沽酒拔金釵。」

④舉案：見前薛瓊詞〈沁園春〉注③。

⑤題橋：見前顧貞立詞〈水調歌頭〉注⑦。

陳掔詞 一首

作者小傳

陳掔字无垢，康熙時江蘇南通人。孫安石妻，有《茹蕙編》詩詞集。她是名門閨秀，幼年穎慧好讀書，孫安石原爲富家子弟，揮霍無度，納妾另居，後家道中落，迫使陳掔歸母家，陳氏無奈，遂落髮修行。晚歲益貧，甚至倂日而食，難得一飽。又不肯告人，饑餓衰弱，體力不支，至樓前覆水，墜樓而死。（見《衆香詞》）

菩薩蠻

今生浪擬來世約①。如今悔卻從前錯。腰帶細如絲。思君君不知。　五更風又雨。兩地儂和汝。著意待新歡。莫如儂一般。

【箋注】

上片起二句言其夫當初虛情假意，與她海誓山盟，願世世爲夫妻，而今方知受騙。但是，其夫雖棄之另娶，而作者卻一往情深，難以擺脫思念之苦。下片寄語其夫勿再喜新厭故。結合小傳讀此詞，更可體會作者之沈痛心情及悲慘遭遇。

①浪：輕率，徒然。

賀雙卿詞十一首

作者小傳

賀雙卿，雍正時江蘇丹陽人。她是四屏山下（又名綃山）農家女，有《雪壓軒詞》。（見徐乃昌《小檀欒室彙刻閨秀詞》）幼年與村塾為鄰，因而好讀書，工塡詞。清．丁紹儀《聽秋館詞話》云：「雙卿生有夙慧，嫁金壇周姓樵子。家無紙筆，所為詩詞悉蘆葉寫之，余外祖顧筠溪公為賦〈蘆葉詩〉二百餘言。」陳廷焯《白雨齋詞話》云：「雙卿負絕世才，秉絕代姿，為農家婦。姑惡、夫暴，勞瘁以死。」譚獻《篋中詞》（卷五）評其〈惜黃花慢〉云：「清空一氣如拭。忠厚之旨，出於風雅。」賀雙卿的詞皆載於史梧岡著《西青散記》中。據所敘，賀氏是史梧岡友人張夢覘家的佃戶周某妻。張父多田產，有莊園在鎮江綃山之麓，名曰「耦耕堂」，又有「綃山小院」。賀雙卿夫家就住在小院西草屋中，因而張夢覘之友皆與她相識，並知她能塡詞，常遣婢女通音問。但《散記》中詳述她生活貧苦，受姑（婆母）及夫之虐待，並未提及她何時逝世，亦未言及有詞集，只提到將她的作品抄錄，携至北京，為她傳名。陳廷焯說她「勞瘵以死」，徐乃昌刻其《雪壓軒》詞集，當另有所本。近世有人懷疑賀雙卿的詞是史梧岡臆造的，然而，史本人所作詩平淡無奇，不可能偽造代擬這樣感情眞摯，語言純樸，血淚凝成的好詞。

浣溪沙

暖雨無情漏幾絲。牧童斜插嫩花枝。小田新麥上場時。　汲水種禾偏怒早，忍煙炊黍又嗔遲。日長酸透軟腰支。

【箋注】

上片描寫初夏田野景物，歷歷如繪。結句點明新麥登場，正是農忙時節，引入下片自述不幸的遭遇。「怒早」、「嗔遲」對句，言她在勞動中受虐待，終日操作，不勝勞苦；與上片初夏美景成爲對比，更映襯出人的痛苦憔悴。據《西青散記》云：「夏四月，余避暑綃山『耦耕堂』，懷芳子段玉函來，……雙卿方執畚戶外，已復携竹籃種瓜瓠於橋西岸。眉目清揚，意兼涼楚。明日得其詞，以芍藥葉粉書〈浣溪沙〉（按：即此闋）。」

玉京秋 自題種瓜小影

眉半斂。春紅已全褪，舊愁還欠。畫中瘦影，羞人難閃。新病三分未醒，淡胭脂，空費輕染。涼生夜，月華如洗，素娥無玷①。　翠袖啼痕堪驗。海棠邊、曾沾萬點。怪近來、尋常梳裹②，酸鹹都厭。粉汗凝香，羅帕時拭冰簟③。有誰念、原是花神暫貶。

【箋注】

此闋自題畫像，藉以抒發內心抑鬱。她因受虐待，農作辛苦，而染病在身，無限愁怨，盡訴之於詞。前後兩結句，把自己的畫像比爲月裡嫦娥、花中仙子，自是不同凡響。據《西青散記》云，段玉函邀張石鄰同到綃山爲賀雙卿畫〈種瓜圖〉小像，「圖成示雙卿，雙卿題〈玉京秋〉一詞於上，既而悔之曰：『此乃戲雙卿耳』，又索〈種瓜圖〉，已而，乃剜其所題。」其後張石鄰又爲她畫小像三幅，張夢覘遣婢女送贈銀釵、月藍布，「乞其自題，雙卿以秋事方忙，纖手生胝」不能作書，婉言謝絕。可見她雖貧苦，但品格高尚，拒絕張段等人財物之誘惑。

① 素娥：唐人小說〈羅公遠傳〉云：「明皇游月宮，見素娥十餘人，皓衣乘白鸞舞於桂下。」唐．李商隱詩：「素娥惟與月」，亦爲「嫦娥」之別稱。

② 梳裹：梳髮挽髻，戴頭飾妝扮。宋．柳永〈定風波〉詞：「暖酥消，膩雲嚲。終日懨懨倦梳裹。」

③ 簟：床上竹蓆。

二郎神 菊花

絲絲脆柳。裊破淡煙依舊。向落日、秋山影裡，還喜花枝未瘦。苦雨重陽挨過了，虧耐到、小春時候①。知今夜，蘸微霜，蝶去自垂首。

生受。新寒浸骨，病來還又。可是我、雙卿薄倖，撇你黃昏靜後。月冷闌干人不寐，鎮幾夜②、未鬆金扣。枉孤卻、開向寒家，愁處欲澆無酒。

【箋注】

開端三句寫秋景蕭疏，自「花枝未瘦」以下，皆寫秋菊凌霜傲骨，亦爲自喻。下片寫她自己秋病纏綿，孤負清賞。詞中用語體「你我」與菊對語，筆致新穎。結句「寒家」「無酒」，較之李清照之「東籬把酒黃昏後」更爲淒楚感人。

①小春：農曆十月江南氣候溫和，俗稱之「小陽春」。

②鎮：常常。唐·李商隱詩：「蠟花長遞淚，箏柱鎮移心。」

孤鸞

午寒偏準。早瘧意初來，碧衫添襯。宿髻慵梳，亂裹羅帕齊鬢。忙中素裙未浣，摺痕邊，斷絲雙損。玉腕近看如繭，可香顋還嫩。　算一生淒楚也拚忍。便化粉成灰，嫁時先忖。錦思花情，敢被爨煙薰盡。東畝卻嫌餉緩，冷潮回，熱潮誰問。歸去將棉曬取，又晚炊相近。

【箋注】

此闋描述作者身患瘧疾仍被迫勞動的悲慘實況。據《西青散記》云：「九月末，天晴甚。農者刈稻方急。……昏旦操作，雙卿瘧益苦。寒熱沈眩，面殺然而黃。其姑（婆母）愈益督勤。應稍遲，輒大詬。午後寒甚而顫，忍之強起，襲重縕，手持禾秉，莖穗皆顫。熱至著單襦，面赤大喘。渴，無所得沸水，則下場掬河水飲之。其姑側目，冷言相詆。雙卿含笑，不敢有言，惟諾敏給。爭先任勞苦，不敢以諉其姑。……其姑猜甚，不許男子近與言。雙卿素自愼重，與言不應也。」又云：「一日餉黍遲，夫怒揮鉏擬之。雙卿歸爲詞一首，調寄〈孤鸞〉。」按：據《西青散記》記敘當時史梧岡等人在張氏莊園，目睹賀雙卿身染瘧疾在田間操作，受其婆母及丈夫虐待之眞實情形，與她這首詞中所述相符。

鳳凰臺上憶吹簫 殘燈

已暗忘吹，欲明誰剔，向儂無焰如螢。聽土階寒雨，滴破三更。獨自懨懨耿耿，難斷處、也忒多情。香膏盡、芳心未冷，且伴雙卿。星星。漸微不動，還望你淹煎，有個花生。勝野塘風亂，搖曳魚燈。辛苦秋蛾散後，人已病、病減何曾。相看久、朦朧成睡，睡去空驚。

【箋注】

此闋寫法新穎，以擬人法描繪殘燈。起四字對句，言兩三更醒來時，未吹滅的油燈，只有一點如螢火的微光。「獨自懨懨耿耿」以下三句，寫殘燈亦比喻她自己的心情與遭遇。她病中有誰理解、關心？惟有殘燈相伴。下片承上，燈油欲盡了，但還希望再煎熬一會，結個燈花吧！亦喻她自己雖生活痛苦，仍要掙扎活下去。她的美妙詞章，不正是一朵燦爛的藝苑燈花嗎？這首詠物詞既沒有典故，也沒有藻飾，樸素語句，眞摯情感，極爲動人，是咏物詞中別開生面的佳作。

惜黃花慢 孤雁

碧盡遙天。但暮霞散綺，碎剪紅鮮。聽時愁近，望時怕遠，孤雁一個，去向誰邊。素霜已冷蘆花渚，更休猜，鷗鷺相憐。暗自眠，鳳凰雖好，寧是姻緣。凄涼勸你無言。趁一沙半水，且度流年。稻粱初盡，網罟正苦，夢魂易警，幾處寒煙。斷腸可似嬋娟意，寸心裡，多少纏綿。夜來閒、倦飛便宿平田。

【箋注】

此詞咏孤雁亦是自喻，起句落霞如綺，映襯孤雁獨飛。下接霜寒風峭的蘆花渚中，比喻她自身境遇凄苦。「更休猜」以下明顯的寫出夫婿如「鷗鷺」，並不「相憐」；而書生、文士又如「鳳凰」，豈敢高攀。下片勸慰孤雁，即爲自勉。「稻粱初盡」以下四句，說明她自己處境艱難，姑惡夫暴，以蘿芋充饑。那些書生對她的關懷，實爲誘惑，要時刻嚴防他們佈下的「網罟」，就是做夢也要警惕啊！她雖「寸心裡」極爲痛苦，但甘願清白自守，猶如孤雁「倦飛」，「宿平田」以棲身。決不受財物的誘惑而離開農村。語言純樸，氣格清幽。這樣深入淺出的咏物詞，歷代名家亦難與媲美。

薄倖 詠瘧

依依孤影。渾似夢、憑誰喚醒。受多少、蝶嗔蜂怒，謾說炎涼無準。怪朝來、有藥難醫，凄涼自整紅爐等。總訴盡濃愁，滴乾清淚，冤煞蛾眉不省。　去過酉、來先午，偏放卻、更深夜永。正千回萬轉，欲眠還起，斷鴻叫破殘陽冷。晚山如鏡。小柴扉、靜鎖愔愔，殘喘看看盡。春歸望早，只恐東風未肯。

【箋注】

《西青散記》此詞下片第七、八兩句作「小柴扉、靜鎖佳人，翠袖懨懨病。」此依葉恭綽《全清詞鈔》。全詞俱言瘧疾纏綿之病況和痛苦。「去過酉、來先午。」言瘧疾寒熱發作於中午，至傍晚始退，深夜無寒熱卻又失眠。《西青散記》云：「十一月陰雨積旬。夢覘言雙卿夫登山砍濕薪，雙卿日煮虀及芋療飢。……雙卿乃爲咏瘧詞。」

摸魚兒

喜初晴、晚霞西現。寒山煙外青淺。苔紋乾處容香屐，尖印紫泥猶軟。人語亂。忙去倚柴扉，空負深深願。相思一線。向新月搓圓，穿愁貫恨，珠淚總成串。　黃昏後，殘熱誰憐細喘。小窗風射如箭。春紅秋白無情艷，一朵似儂難選。重見遠。聽說道、傷心已受殷勤餞。斜陽滿眼。休更望天涯，天涯只是，幾片冷雲展。

【箋注】

據《西青散記》云：「鄰女韓西新嫁而歸，性頗慧，見雙卿獨舂汲，恆助之。瘧時坐於床，爲雙卿泣。不識字，然愛雙卿書，乞雙卿寫《心經》且教之誦。是時將返其夫家，父母餞之，召雙卿，瘧，弗能往。韓西亦弗食，乃分其所食，自裹之，遺雙卿。雙卿泣，爲賦〈摸魚兒〉。」這就是此詞的本事。上片開端三句寫寒冬晚晴之時，下接「苔紋」二句，寫韓西來探望她留下的足跡猶在。聽到「人語亂」，以爲韓西又來問病，但「倚柴扉」等待，好友沒有來。她倚門對月盼望韓西，四句語意絕妙。她思念知己之情，像一縷「穿愁貫恨」的線，對著新月，簌簌珠淚穿成一串。這種詞句，是多麼新奇，古人詩詞中罕見。下片寫作者自己瘧疾發作，破屋小窗不能蔽風，像箭似的射進，使她病體更受寒風的摧殘。下接比喻奇妙：窗外的花枝，雖亦禁風受寒，但「似儂難選」，那一朵也不像她這樣憔悴啊！「重見遠」以下俱言韓西將遠去，家人已爲餞別，此後思念知友更爲傷心。結尾「休更望天涯」二句，寫出她悵望天涯，無可奈何的情感。沒有典故，沒有藻飾，純爲白描手法，而眞摯情感，警策語句，感人肺腑。歷代女詞人，誰能與儔？

鳳凰臺上憶吹簫

寸寸微雲，絲絲殘照，有無明滅難消。正斷魂魂斷，閃閃搖搖。望望山山水水，人去隱隱迢迢。從今後、酸酸楚楚，只似今宵。　青遙。問天不應，看小小雙卿，嫋嫋無聊。更見誰誰見，誰痛花嬌。誰望歡歡喜喜，偷素粉，寫寫描描。誰還管，生生世世、暮暮朝朝。

【箋注】

此詞結句「暮暮」，《西青散記》作「夜夜」。此依徐乃昌刻《小檀欒室彙刻閨秀詞》本。

此闋仍爲與韓西離別後所作。上片言在微雲殘照間眺望山水，懷念韓已遠去，今後當永遠懷念她。下片言知友已去，無人能理解她以素粉吟詩、寫字的心情。《西青散記》謂雙卿「終歲操作，殘書敗筆，扃鐍破篋中，偷視勿敢，亦勿遑也。元夜持《楞嚴經》就灶燈誦之。姑出游歸，奪而罵曰：『半本爛紙簿，秀才覆面上，且窮死。此蠢奴乃考女童生耶？』偶滌硯，夫見之，怒曰：『偷閒則弄泥塊耳？釜煤尚可肥田。』」她在這樣的家境中，不可能用紙筆寫字，只好以素粉書詞在葉上。惟有韓西羨慕她識字，請她爲之寫《心經》，因而她最爲懷念這位生平唯一知己。

此闋詞全用疊字，李易安後一人而已，何況她是個遭遇悲慘的農婦，較之易安尤爲難能可貴！

春從天上來 梅花

自笑慵慵。費半晌春忙，去省花尖。玉容憔悴，知爲誰添。病來分與花嫌。正臘衣催洗，春波冷，素腕愁沾。硬東風、枉寒香一度，新月纖纖。　多情滿天墜粉，偏只累雙卿，夢裡空拈。與蝶招魂，替鶯拭淚，夜深偷誦楞嚴①。有傷春佳句，酸和苦，生死俱甜。祝華年、向觀音稽首②，掣偏靈籤③。

【箋注】

此詞上片作者自述病中仍在田間操作，但梅花開時仍要「費半晌春忙」去看花。下接言東風仍寒峭，溪水甚冷，且「正臘衣催浣」，一年一度梅花盛放，她也無暇多觀賞。下片寫梅花凋謝了，她只有在夢中纔能惜花而「空拈」。僅此三句瘞花詞，遠勝《紅樓夢》中黛玉葬花的長詩。名門閨秀俱是在閑情逸致中賞花、惜花，而雙卿卻是在艱苦的境遇、帶病操作中寫此梅花詞。下接「與蝶」四字對句，尤爲神奇，堪與杜詩「感時花濺淚」一聯媲美。「夜深偷誦楞嚴」以下，爲雙卿於無可奈何時，向觀音祈求，如何才能使她的生活過得好一點？這是多麼激動人心的呼聲啊！

①　楞嚴：佛經名稱。全名爲《大佛頂如來密因修證了義諸菩薩萬行首楞嚴經》十卷。唐代天竺僧般刺密諦（華名極量）主譯。

② 觀音：佛教「觀世音菩薩」簡稱。《法華經》云：「苦惱衆生，一心稱名。菩薩即時觀其音聲，皆得解脫。是以名觀世音。」

③ 靈籤：寺廟佛前供有竹筒，中貯竹片，爲占卜之用。拜佛求籤者以雙手捧筒搖動，落出一竹片後，即持往僧人處，對號取「籤詩」紙。隨求簽人附會，解釋詩意，以判吉凶。

春從天上來 餉耕

紫陌紅塵，謾額裏春紗，自餉春耕。小梅春瘦，細草春明。春田步步春生。記那時春好，向春燕，說破春情。到於今、想春箋春淚，都化春冰。　憐春痛春，春幾被，一片春煙，鎖住春鶯。贈與春儂，遞將春你，是儂是你春靈。算春頭春尾，也難算春夢春醒。甚春魔，做一春春病，春誤雙卿。

【箋注】

此詞句句有春字。作者自敘她扶病餉春耕的情景。下片仍以擬人法寫春。「憐春痛春」、「是儂是你春靈」，她自己與春對語。春光雖好，但爲什麼對待她如此殘忍？春神竟成「春魔」。她「春病」在身，仍要操作餉耕。結句「春誤雙卿！」是她淒厲的呼籲！

江珠詞 二首

作者小傳

江珠字碧岑，別號小維摩。乾隆間江蘇揚州人，吾學海妻。有《清藜閣小維摩集》。她工詞賦，並擅長駢體文。其詩鈔有自序云：「生世不諧，癡頑彌甚。窮年痼疾，匿影於寒衾。終日坐愁，藏身於針孔。孰云酒可忘憂，不信犀能蠲忿。中懷悲愴，莫敢告人，滿腹牢騷，誰堪共語。茹齋繡佛，徒懺他生。附贅懸疣，其如今日。寸心鬱鬱，何能容萬斛之愁。弱骨蕭蕭，焉可羅百千之病。」她自己才華不凡，遠勝夫君。吾學海以諸生終老，未能高中科第，而江珠身爲女子，縱有滿腹經綸亦難應試，一生貧困愁苦，正如其詩所云：「造物疾人知有種，文章終古吝蛾眉。」又云：「甘來蔗尾甜終薄，香到梅花味亦酸。」

鳳凰臺上憶吹簫 再和心齋

疊疊雲箋，行行鮫顆①，令人咄咄書空②。把新詞吟遍，欲和難工。剔盡殘燈聽雨，眞負卻，作達心胸。一滴滴，聲隨腸斷，淚染綃紅。　朦朧。模糊病眼，看五色迷離，頭腦冬烘③。（原註：小寶晉齋以諸君子會課卷請余評定甲乙，是宵閱盡。）嘆文章有道，何補閨中。博得一場愁夢，思量著，誤學屠龍④。空自教，年年紙穴，辛苦雕蟲⑤。

【箋注】

此詞是作者和任兆麟原韻之作。（任兆麟別號心齋，乾隆時名士，工詩詞、駢文。與江珠爲親戚，曾爲江珠詩詞集作序文。）此詞言當時欲應試科第之士子，平時作詩、文課題練習，囑江珠爲之評定甲乙等第。上片起句作者就說明她看到「疊疊」課卷皆爲士子所作，她立即想到自己身爲女子，雖具有爲士子評定課卷的學識，卻不能參加科第考試，因而「行行」淚下。她先看罷任心齋的詞，然後作和韻詞，以下都是說她和詞與閱卷時的悲傷心情。下片說她燈下評閱課卷的感慨：「嘆文章有道，何補閨中？」是全詞主旨。「思量著」以下，皆言昔時女子讀書，毫無用處，徒增愁苦。

① 鮫顆：指淚珠。張華《博物志》：「南海有鮫人，水居如魚，不廢織績，其眼能泣珠。」

② 咄咄書空：《晉書·殷浩傳》謂浩被黜放後，常終日書空，作「咄咄怪事」四字。按：咄咄，驚嘆之聲。

③ 冬烘：頭腦迂腐、糊塗。《唐摭言》載，鄭薰主持考試，誤認顏標爲顏眞卿後代，取爲狀元。當時有人作詩嘲之曰：「主司頭腦太冬烘。誤把顏標當魯公。」

④ 屠龍：《莊子·列禦寇》：「朱泙漫學屠龍於支離益，單千金之家，三年技成，而無所用其巧。」後世稱技藝高超爲屠龍之技。蘇軾詩云：「巨筆屠龍手。」

⑤ 雕蟲：揚雄《法言》中有云：「雕蟲小技，壯夫不爲。」後世遂以此語貶稱工辭、賦、詩詞者。

燭影搖紅 雨夜感懷

夜雨瀟瀟，殘燈點滴光如豆。文章何處哭西風①，眞不堪回首。憶月夕花朝，淋漓潑墨沾襟袖。酒酣說劍②，耳熱談天③，爭無作有。　是事休休，狂狷磨盡渾非舊。不須製恨與箋愁，命也還知否。放卻眉間疊皺。脫塵緣，蒲團坐守。千聲古佛，一炷清香，好生消受。

【箋注】

此詞爲作者晚年之作。開端四句言夜雨秋燈之前，回憶青少年時之豪情逸興。她雖爲女子，但兼通詩文書畫且有辯才，口如懸河，「爭無作有」，可知她是性格堅強而多才智的女子。但在封建時代，她的學識、才能無有發揮之處，及至暮年「脫塵緣」念佛焚香，只有這樣，纔能消磨她一生的怨恨。

① 文章何處哭秋風：唐·李賀〈南國〉詩原句。

② 說劍：《莊子》雜篇名。〈說劍〉即以擊劍之術比喻治天下之道。

③ 談天：《史記·荀卿傳》：「故齊人頌曰：『談天衍』。」注引劉向《別錄》云：「鄒衍之所言……盡言天事，故曰：談天。」按：「說劍、談天」爲作者自喻，說她曾有雄才大志。

王貞儀詞五首

作者小傳

王貞儀，乾隆時江蘇江寧人。她是個著作宏富的女數學家及天文學家，兼擅文學，並能騎馬射箭，可惜生在封建時代，未能發揮其傑出的才智。徐乃昌所刻《小檀欒室彙刻閨秀詞》中說王貞儀是宣化知府王者輔孫女、錫琛女、宣城詹枚室。記誦淵貫，精通梅氏天算之學（按：指清初著名天文、數學家梅文鼎），著有《術算簡存》五卷、《星象圖釋》二卷、《籌算易知》、《西洋籌算》、《女蒙拾誦》、《沈痾囈語》、《象數窺餘》及《文選詩賦參評》十卷、《德風亭初集》十四卷、二集六卷，《繡帙餘箋》十卷。據《金陵詩徵》云：「貞儀從父出塞，學射於阿將軍之夫人，發必中的，跨馬如飛。……其卒也，以書托於吳江蒯夫人，蒯之姪錢儀吉嘗序其《術算簡存》謂：『班惠姬後一人而已。』」昔時對於婦女著作頗不重視，尤其在科學不發達的社會中，她的數學、天文著作終難傳世。更遺憾的是今日我們所能看到的，僅僅是她四十卷文學著作中的幾首詞而已！但為了懷念這位三百年前傑出的女學者，雖是吉光片羽，亦應珍視並為之發揚。

卜算子

雨後晚涼多，衫葛含風細。小摘庭前茉莉花，弱縷穿連蔕。　團扇葉裁蕉，閑坐荷花砌。剝取池荷帶濕看，蓮子生還未。

【箋注】

此詞爲作者少年時所作，寫夏夜乘涼的生活情趣。以絲縷穿茉莉花爲佩，剪芭蕉爲扇，坐於池畔，採蓮花，剝蓮子，少女稚氣，躍然紙上，色彩鮮明，勝於畫圖。

踏莎行　松花江望雨

黑水驚流，黃雲隱霧。迷茫新翠埋千樹。片帆剛渡半江煙，不知何處飛來雨。　噴雪濤飛，搏沙風駐。翻盆掛瀑橫空佈。風波如此棹回船，猩紅一線雷車舞①。

【箋注】

此闋寫松花江上乘船遇暴風雨之情景。上片言風雨欲至，浪起雲湧，綠樹隱藏於煙雲中，結句點明風雨終於來臨。下片寫風雨交加，江上浪如噴雪，空際狂飆「搏沙」，突出北國風沙之特色。傾盆大雨，勢如瀑布，電閃雷鳴，動魄驚心，小令中描繪如此壯闊景象，甚爲罕見。

①雷車：《搜神記》：「義興人姓周，出都日暮，道邊有一新草屋。一女子出門，周求寄宿。一更中，聞外有

小兒喚阿香聲云：『官喚汝推雷車。』女乃辭去。夜遂大雷雨。……」唐·杜牧〈大雨行〉：「錚棧雷車軸轍壯。」（見《全唐詩》）

滿江紅 過平原縣東門謁顏魯公祠①

殘照城東，風急處，暮笳聲咽。正卸轂，平原祠外，前行瞻謁。作郡回思天寶日②，九重樂極金甌缺③。驀然間、鼙鼓起漁陽④，霓裳歇。　衛彈邑⑤，千秋節。爭座位⑥，千金帖。只拒降斬使⑦，是何忠烈。猶有祠堂傳俎豆⑧，更存心跡書碑碣。羨雙雙，姓字弟兄香，常山舌⑨。

【箋注】

此首是咏唐代忠臣魯郡公顏眞卿生平事跡。上片說顏眞卿爲太守時正值唐玄宗天寶盛世，樂極生悲，「驀然間」安祿山叛亂。下片前二句言平原小邑，而魯公卻是千秋忠烈，後二句則言其爲大書法家，結末三句言他與從兄杲卿先後在叛亂中遇害。

①平原縣：今山東德州。顏魯公即顏眞卿，爲平原太守時，以起兵抵抗安祿山叛亂有功，封魯郡公。德宗時李希烈叛亂，派他前往勸告，遂被殺害。著有《顏魯公集》。其書法遒勁有力，世稱「顏體」。

②天寶：唐玄宗年號。天寶初爲唐代最興盛之時，至天寶十四載安祿山叛亂以後，遂漸衰落。其時顏眞卿與從兄杲卿共起兵平亂。

③ 九重一句：九重，指皇帝所居之處，宮禁深邃。宋玉〈九辯〉：「豈不鬱陶以思君兮，君之門以九重。」金甌缺，《南史．朱異傳》：「我國家猶如金甌，無一缺傷。」此詞以「金甌缺」比喻國土破碎。
④ 鼙鼓起漁陽兩句：安祿山叛亂起兵於漁陽。白居易〈長恨歌〉：「漁陽鼙鼓動地來，驚破霓裳羽衣曲。」
⑤ 彈邑：指平原邑狹小如彈丸。庾信〈哀江南賦〉：「城如彈丸。」
⑥ 爭座位：唐廣德二年郭子儀自涇陽入朝，百官迎於開遠門。當時魚朝恩聲勢甚盛，官職低於郭英乂，而坐次卻在英乂之上，顏眞卿遂作〈與郭僕射英乂書稿〉七紙，以譏刺之。此書稿書法甚佳，後世稱爲〈爭座位帖〉。宋．米芾認爲此帖爲顏眞卿書法第一傑作，有各種臨本，今西安碑林所藏爲關中本。
⑦ 拒降斬使句：《舊唐書．顏眞卿傳》：「祿山既陷洛陽，殺留守李憕、御史中丞盧奕、判官蔣清，以三首遣段子光徇河北。眞卿恐動搖人心，乃云：『我識此三人，首皆非也。』遂腰斬段子光。……」
⑧ 俎豆：古代祭祀用的器皿。此詞中言平原爲顏氏建祠，永留紀念。
⑨ 常山舌：顏杲卿是眞卿之從兄。任常山太守（今河北省正定）。安史之亂，杲卿與眞卿共起兵平亂，屢勝。後常山爲史思明攻陷，杲卿被執送至安祿山處，被肢解。罵不絕口，祿山令人割其舌，顏含血噴之，遂慘死。文天祥〈正氣歌〉：「爲顏常山舌。」

漁家傲 嶺南作①

海上風高吹瘴雨②。時過十月猶炎暑。零落紅蕖花滿渚。愁正聚。一撾初起樓頭鼓③。

修得書成煩雁羽。家鄉程遠知何許。一穗青燈人閉戶。懷別緒。夜深怕聽寒蛩語。

【箋注】

此詞上片言廣東一帶風光。十月已是冬季，荷花尚零落滿渚。結句聞更鼓而憶江南故里，引入下片皆言思念江寧家鄉之情。作者少年隨祖父謫居吉林，而此則作於嶺南，想是嫁後隨夫宦游至粵歟？

① 嶺南：五嶺以南，包括廣東、廣西兩省。蘇軾詩：「飽啖荔枝三百顆，不辭長作嶺南人。」

② 瘴雨：昔時南方未開發之山野，濕熱蒸發，令人患病，謂之瘴氣。辛棄疾〈滿江紅〉：「瘴雨蠻煙十年夢，尊前休說。」

③ 樓頭鼓：舊時城市皆有鼓樓，朝夕以擊鼓爲號令啓閉城門。

沁園春 題柳如是像①

彼美人兮，河東舊氏②，名姓爭傳。問底事蛾眉，愛才念切，改裝巾幘③，擇士心堅。翠袖相投，紅裙難認，老去尚書已可憐。休記取，傜茸城詩句④，久地長天。只今回首當年。慕京口扁舟桴鼓闐⑤。更不較顧孃⑥，泥塗容面，羞他卞女，淚灑蘭牋⑦。道服隨身⑧，青絲畢命⑨，含笑章臺質獨捐⑩。尤堪嘆，便平康如許⑪，若個名全。

【箋注】

此詞概括柳如是的一生。上片說柳氏雖出身娼樓，但「擇士心堅」，定要嫁名士，終於歸錢謙益。「恁茸城詩句」指柳氏所愛者卻是陳子龍，「久地長天」更說明柳與陳的愛情是永恆的（她在陳殉明以後，繼續抗清）。下片稱讚柳氏抗清復明之思想與行為。她與顧橫波、卞玉京都是通文墨的名妓，但是柳如是的忠義卻與她們截然不同，且柳氏終於以身殉明，亦勝於其夫錢謙益。作者在乾隆時作此詞，她對於柳氏的一生予以正確的評價和讚揚，正如近代陳寅恪先生所著《柳如是別傳》的主旨。王貞儀自是具有獨特見解的傑出女學者。

①柳如是：見前柳如是詞小傳及箋注。

②河東：《廣韻》：「柳出河東，本自魯孝公子展之孫，以王父為展氏，至展禽食采於柳，因為氏。」杜甫詩：「河東女兒身姓柳。」按：柳如是嫁錢謙益時，言明不做妾，但錢已有正室，遂稱為「河東君」，這是倣效蘇軾稱其妻為「通義君」。

③巾幘：是古代男子頭巾。以下五句都指柳如是改扮男裝，往常熟半野堂訪錢謙益故事。

④茸城：松江古名五茸城。此指明末松江名詩人陳子龍。

⑤慕京口一句：京口為古代長江下游軍事重地（在今鎮江境內）。桴，鼓槌，槌鼓助戰。宋·韓世忠妻梁紅玉曾在京口桴鼓助戰，打退金兵；此指柳如是志在抗清復明，以柳出身青樓與梁紅玉相似。按：錢謙益《有學集》詩中屢言柳如是欲效梁紅玉參戰抗敵兵。柳曾一再傾家貲，援助海上抗清義軍，並曾到前線慰問兵士，其忠義行為見於清代筆記。（詳見近人陳寅恪《柳如是別傳》）

⑥顧媄：明末清初名妓顧媚，字橫波，嫁龔鼎孳。「泥塗」一句指她逃難時遭遇。

⑦卞女：明末清初名妓卞玉京。詩人吳偉業為作〈畫蘭曲〉。顧、卞與柳同時人，其所愛戀者皆降清名士，惟有柳如是與抗清烈士陳子龍的愛情卻生死不渝。陳殉明後，柳仍繼續援助抗清義軍。是柳氏的情志，與顧、卞二人全然不同。

⑧道服隨身：柳如是於明亡後下髮修道，長期居於常熟城外白茆口「芙蓉莊」。據《柳如是別傳》考證，她所以藉修道住白茆口，即是為了接濟抗清海上義兵。

⑨青絲畢命：錢謙益故世，由於族中人夙知柳資助抗清軍，向柳勒索巨款，柳為了保全子女，自縊身亡。

⑩章臺：漢長安有章臺街，為歌妓聚集之所。唐時韓翃有姬柳氏，安史之亂，兩人失散，韓作〈章臺柳〉詩寄柳氏。此處用以喻柳如是雖是妓女出身，但秉性忠義，能為抗清而捐軀。

⑪平康：唐代長安有平康里，又稱北里，後世遂為妓女所居之泛稱。

王韻梅詞 一首

作者小傳

王韻梅字素卿，乾隆間江蘇常熟人，有《問月樓詞》。詞集前有其姊王菊裳序云：「以窈窕之淑女，遇駔儈之嬌兒。」又云：「若夫沽酒拔釵，尤屬文人之事。不圖操戈入室，行同狂暴之徒。」沈善寶《名媛詩話》云：「素卿工琴，善填詞。適非文人，抑鬱早卒。詩極悽婉，稿爲同里孫心青太史序而傳之。」從以上記敘看來。王韻梅以所適非偶，並受其夫猜疑、虐待，因而早卒。

一萼紅

意闌珊。又黃花滿地，零落不堪看。駒隙光陰①，蟫仙事業②，可憐人與秋殘。對明月、前身休問，怕三生、淪落到塵寰。一寸柔腸，十年心事，幾曲闌干。　瘦覺西風都冷，正重陽過也，小閣輕寒。簾織新愁，屏圍舊恨，一齊多綴眉端。三十六鴛鴦飛去③，任臺空、玉鏡冷孤鸞④。誰念傷心匪偶⑤，鳩鳳同參⑥。

【箋注】

此詞作者自敘內心苦痛，亦爲封建時代女子所適非偶的共同心聲。上片寫殘秋景色，自嘆人意與秋一樣闌珊，「一寸柔腸」兩句，說明已嫁十載，其時年約三十左右，嫁後光陰皆在愁苦中度過。下片更進一層言舊恨新愁，身心交悴矣。「三十六鴛鴦飛去」以下以鴛鴦失侶、孤鸞對鏡比喻女子喪偶，但寡居雖令人同情，而她自己遇人不淑，卻無人同情，尤爲可悲。

① 駒隙光陰：比喻光陰迅速。《莊子．知北遊》：「人生天地之間，若白駒之過郤（隙），忽然而已。」宋．陸游詩：「未恨光陰疾駒隙，但驚世界等河沙。」

② 蟫仙事業：蟫，即蠹魚，蛀書小蟲。世俗以「蠹書蟲」比喻好讀書之人。《酉陽雜俎．續集》據《仙經》曰，蠹魚三食神仙字則化爲「脈望」。此詞中云「蟫仙」即用此典故。

③ 三十六鴛鴦飛去：漢樂府云：「鴛鴦七十二，羅列自成行。」按：鴛鴦雌雄成對，雙宿雙飛，以之比喻夫妻。此言三十六鴛鴦飛去，是七十二隻飛去一半，比喻失去配偶。

④ 孤鸞：《北堂書鈔》一三六引南朝宋．范泰〈鸞鳥詩．序〉云：「罽賓王獲一鸞不鳴，照之以鏡，睹影哀鳴，一奮而絕。」後皆以喻失偶。

⑤ 匪偶：「匪」同「非」字。匪亦爲品行惡劣之人。作者以受其夫虐待凌辱，極爲怨恨，用此字語意雙關。

⑥ 鳩鳳同參：《朝野僉載》云，王及善才行庸猥，風神鈍濁。爲內史時，人號爲「鳩集鳳池」。按：鳳池即鳳凰池之簡稱。唐代中書省設在宮苑中，掌管機要，故稱爲鳳凰池。此詞中借此典故自比爲鳳，而斥其夫如鳩，言她自身所適非偶，即俗稱「彩鳳隨鴉」之意。

孫雲鳳詞 五首

作者小傳

孫雲鳳字碧梧，嘉慶時杭州人。程懋庭妻，有《湘筠館詩詞稿》。《兩浙輶軒續錄》云：「碧梧倚聲之學著稱於時，佳者絕似北宋人語。通音律，兼工點染花卉。其詩在隨園（袁枚）十三女弟子之列。粉雨墨林，張宴湖樓，當時傳為佳話。」可是她所適非偶，程懋庭不喜讀書，「見筆硯輒憎，反目，歸卒。」（見《墨林今話》）由於她不幸的遭遇，婚後離異，終歸母家，在封建時代是女子的最大怨恨，因而抑鬱成疾，青年早逝。

菩薩蠻

翠衾錦帳春寒夜。銀屏風細燈華謝。鴛枕夢難成。綠窗啼曉鶯。　愁來天不管。鬢墮眉痕淺。燕子不還家。東風天一涯。

【箋注】

郭麐評其詞云：「寄意杳微，含情幽渺，置之《花間集》中，當在飛卿、延巳之間。」此首自是代表作。

蘇幕遮

白蘋洲，黃葉渡。雲靜秋空，人逐飛鴻去。目斷高樓天欲暮。遠水孤帆，衰草斜陽路。　漏聲沈，桐影午。江闊山遙，有夢還難渡。簾外霜寒風不住。明月蘆花，今夜知何處。

【箋注】

上片言秋深人去，登樓望遠，更增離愁別緒。下片言夢中情景，「江濶山遙」，因「難渡」而驚醒。「簾外」三句，言夢覺後情景，寒風勁峭，更爲懷念旅人，未知今夜舟泊何處？

虞美人

昨年燕子啣花去。春色難留住。前年人倚畫樓東。惆悵一簾飛絮暮煙中。　今年又是酴醾節①。此景還如昔。小廊立盡看歸鴉。卻恨無情芳草遍天涯。

【箋注】

上片從「昨年」回憶到「前年」，往事朦朧，如絮飛煙散矣。下片寫眼前景物，「無情芳草遍天涯」，幽怨更深於往年也。

①酴醾：原爲酒名，以花色似酒，故以名花，又作「荼蘼」。春暮開花，昔人詩云：「開到荼蘼花事了」。

眼兒媚 題仕女圖

雲鬟玉貌小庭深。閑卻紫瓊琴。春纖乍露①，銀毫未落，幾度沈吟。　井梧攪得西風碎，清露滴羅衿。三分月色，半分煙影，一點秋心。

【箋注】

上片寫畫中人神態及室内景物，下片寫室外秋景。結末以「月色」、「煙影」，烘托「秋心」，使得畫中人栩栩如生。正在「沈吟」悲秋之詞，尚未落筆也。

①春纖：形容女人手指纖細、潔白如春筍。宋·張孝祥《于湖詞·滿江紅》云：「倩春纖、縷鱠搗香虀，新篘熟。」（見《全宋詞》）

十二時 題郭頻伽浮眉樓圖①

霏霏煙影，濛濛柳色，盈盈秋水。高樓正相對，有伊人凝睇。　十幅蒲帆歸去矣。錦屏前、水晶簾底。雙蛾代描卻②，比遙山還翠③。

【箋注】

此詞上片寫秋日郭頻伽眷屬在高樓「凝睇」盼望他歸家。下片寫郭乘舟歸家後，夫婦閨房之樂，結句並點出「浮眉樓」圖名。

①頻伽：郭麐別號頻伽，清嘉慶時詞家，有《浮眉樓詞》。

②雙蛾代描：張敞官京兆尹，嘗爲妻畫眉，時稱「張京兆眉嫵」。（見《漢書·張敞傳》）

③遙山：《西京雜記》云：「卓文君眉若遠山。」

熊璉詞 五首

作者小傳

熊璉字商珍，號淡仙，又號茹雪山人。嘉慶時江蘇如皋人，有《淡仙詩文詞鈔》。她自幼許字陳生，「嗣陳有廢疾，翁請毀約。淡仙堅不可，卒歸陳。貧不能給，半生依母弟居」（見惲珠《閨秀正始集》）。其弟名熊瑚，爲諸生，「肄業雉水書院，令賞其五言詩，詢所師，以女兄對。使呈所作，以爲深思骨秀，宛然霞上人語也。」（見《通州志》）沈善寶《名媛詩話》云熊璉嫁後「境甚困厄，老更無依。」她還作〈感悼〉詞數十首，名曰《長恨編》，都是爲閨中薄命女子所作，亦自傷也。從其一生遭遇看來，她是個篤守禮教的犧牲者，縱然有絕代才華，但在封建時代，女子只能困守閨房，自嘆薄命而已。

江南好（選錄三首）

其一

江南好，煙雨暗春山。上市櫻桃紅帶露，開園軟筍綠堆盤。柳拂畫闌干。

江南好，紅粉鬥輕盈。覆額香雲簪抹麗①，泥金小扇寫回文②。宮様碧紗裙。

其三

江南好，牛背唱斜暉。紅葉村深香稻秀，平湖秋老鯉魚肥。燈火夜船歸。

【箋注】

第一、三闋咏江鄉景物，第二闋咏閨人服飾，語句明麗，描繪精細。春、夏、秋不同季節，皆在七言對偶句中點出，且俱爲詞中警策句。此調十餘首，當是作者未嫁時所作。

①抹麗：即茉莉。原出波斯，移植中土。由於譯音寫字各異。

②回文：《晉書・竇滔妻蘇氏傳》：「名蕙字若蘭，滔苻堅時爲秦州刺史，被徙流沙，蘇氏思之，織錦爲回文旋圖詩以贈滔。」宛轉循環以讀之，詞甚淒惋。凡八百四十字，其縱橫往復，皆成章句，可得詩四千二百餘首。後世作詩詞，順讀、倒讀皆可成章就叫做「回文」。

滿庭芳 追懷業師江片石先生

海鶴同清，孤松比傲，高懷洗淨塵氛。牢騷身世，蕭瑟筆花春。難問茫茫天道，西風緊、斷送吟魂。今和古，誰能不死，最苦是才人。　斯文。同骨肉，千秋師友，不話寒溫。但相逢一嘆，欲哭聲吞。一自玉樓仙去①，知音斷，沒個評論。從今後，煙霞杖履，無復過柴門。

【箋注】

此詞是作者嫁後所作，夫婿殘廢，家境貧苦，身爲女子，内言不出於閫，惟有年邁的業師能時常至其家中談論詩詞。其師當是一生未能名登金榜，懷才不遇的寒士。是以上片云：「牢騷身世，蕭瑟筆花春。」她與其師都是「最苦」的「才人」，「但相逢一嘆，欲哭呑聲。」她哭業師亦自傷也；且自師亡故，「知音斷，沒個評論」，亦可知她在困苦生活中，仍然熱愛吟咏。

①玉樓仙去：李商隱〈李長吉小傳〉謂，長吉（李賀字）將死時，忽晝見一緋衣人……笑曰：「帝成白玉樓，立召君爲記，天上差樂不苦也。」（見《李長吉詩集》）

金縷曲 述懷

整日愁無限。恁年來，貧病相兼，雙眉不展。長恨煢煢無可告，也似孤舟別館。經多少、風蕭雨暗。燕子依人非得已，枉呢喃銜盡殘花片。辛勤處，何人見。　棲栖爭甚恩和怨。猛尋思、石上三生，餘香未散。百首新詩誰擊節，付與自吟自嘆。定有個、千秋青眼。窗外嗷嗷聲過也，望天涯遙訴西風雁。霜月裡，同悽惋。

【箋注】

此詞作者自敘寄人籬下，生計艱難。上片言「貧病相兼」，「煢煢無告」。依靠弟家，縱然辛苦操作，仍爲人厭惡，如「燕子依人非得已」也。下片「石上三生」二句，即言夫君已亡故，他雖是殘疾士子，但夫婦相依已久，對於她的詩詞自深讚賞。今則吟咏詩詞亦無人爲之「擊節」，只有「自吟自嘆」了。她仍希望所作能博得後世人欣賞，「定有個千秋青眼」。結末以雁自喻處境淒涼，肺腑之言，令人感歎！

鮑之芬詞 五首

作者小傳

鮑之芬字藥繽，一字浣雲，嘉慶間江蘇丹徒人。徐彬妻，有《三秀齋詞》。她工詩詞而不願與人交游，「蓋徐彬以聖賢自期，而芬亦以婦德自重」。（見《丹徒縣志》）她所咏多爲家庭生活瑣事，惟其立意、造句、煉字、點題，俱不同凡響，獨具匠心。其姊之蘭、之蕙並工詩詞。

臨江仙 糊窗①

故紙窗櫺風雨破。幾日嫌寒，不敢臨窗坐。數幅雲牋功力大。糊來頓覺寒威挫。
從此書燈添夜課。愛惜燈花，不怕風吹墮。三五銀盤雖隔個②。相扶梅影分明過。

【箋注】

此闋咏糊紙窗。昔時北方民居窗櫺皆糊白紙，民國初北京四合院猶是紙窗。上片言窗紙破而寒風起，數幅紙卻能使「寒威挫」。下片言糊窗後夜間讀書，風不能吹滅燈花，月光照映紙窗，梅影扶疏，月移花影，更饒詩意。

①糊窗：《雲仙雜記》：「楊炎在中書後閣糊窗用桃花紙，塗以冰油，取其明甚。」宋．蘇軾詩：「紙窗石屋深自暖。」又《尺牘》云：「紙窗竹屋，燈火青熒時，於此獲得佳趣。」

②三五銀盤：指十五月圓。銀盤喻圓月。

踏莎行 補裘

夏日常拋，冬時更戀。炎涼顛倒殊紈扇。年年熨帖綻重縫，春暉腸斷餘衣線①。經緯須分，玄黃自辨。綈袍故好何心羨②。黑貂雖蔽志猶存③，牛衣未必長貧賤④。

【箋注】

上片開端三句，以紈扇陪襯，言冬季須皮裘禦寒，夏季則棄之。以下則點明「補裘」，破裘須用線縫，末句用典故，言慈母已逝，惟餘裘上縫線矣。過片二句，「經緯」言補裘時須縱橫分明，「玄黃」指皮裘顏色。以下三句，皆用典故：「綈袍」言友誼，「黑貂」言志向，「牛衣」則言夫妻。連上片共用四個典故，都是與「補裘」有關，從而可知作詞用典故的藝術特色。

①春暉：唐．孟郊〈遊子吟〉：「慈母手中線，遊子身上衣。臨行密密縫，意恐遲遲歸。誰言寸草心，報得三春暉。」

②綈袍句：綈是有光澤的絲織品。戰國時范雎爲須賈毀謗，笞辱幾死，逃至秦國，改名仕秦爲相。後須賈入秦，范著敝衣往見。須賈意哀之，曰：「范叔一寒如此哉！」乃取綈袍以賜之。……范雎以其有戀戀故人之意，

釋放須賈。（見《史記・范雎傳》）

③黑貂句：《戰國策・秦策》謂蘇秦始將連橫說秦王，書十上而說不行，「黑貂之裘敝，黃金百觔盡。」

④牛衣句：牛衣是用草編製，給牛禦寒的。《漢書・王章傳》：「初章爲諸生居長安，獨與妻居。章疾病，無被，臥牛衣中與妻訣，涕泣。其妻呵止之……後仕宦，歷位爲京兆，欲上封事，其妻又止之曰：『人當知足，獨不念牛衣涕泣時耶？』」

菩薩蠻　曝背①

廣庭滿貯三冬日。重檐梅蕊香初炙。簾幕向陽開。曦暉入戶來。　丹心原自暖。不為紅輪轉。偏體沐恩光。春生荊布香②。

【箋注】

此闋咏寒冬曬太陽取暖的樂趣。上片起二句說廣濶的庭院中「貯」滿和煦陽光，屋檐下梅花初放，被日光「炙」得芳香四溢。「貯」、「炙」二動詞，把寒冬暖洋洋太陽光的可愛充分表現出來，從而可以領會作詞煉字之奧妙。下接二句說室內也可捲簾，讓太陽光曬進來。下片則寫曬太陽「曝背」的情趣和感想。「丹心」二句說她有一顆熾熱的心，不受太陽出沒的影響。以陽光熾熱來襯托她的一片「丹心」。下接二句是正面描寫她自己沐浴於陽光中，感到從頭上的「荊」釵到身上的「布」裳都和暖如「春生」。從描繪曬太陽的樂趣中表現出她的內心情感。

她是個胸有丹誠、不慕榮華的女子。這寥寥數句的小令，原爲咏生活瑣事，但作者卻能從小事中表現她的品德和志趣，且句句緊扣著題。上片著重「煉」字，下片著重「托意」，是值得學習的範例。

① 曝背：曬太陽取暖。以陽光耀眼，久坐陽光下總是背面朝向。唐·李頎詩：「唯知曝背樂殘年。」

② 荊布：古代婦女儉樸的服飾。荊木枝做釵，穿粗布衣裳。後漢時梁鴻妻孟光常著「荊釵布裙」。（見劉向《列女傳》）

卜算子 呵筆

簾幕朔風寒，凍結毫如刺。定國安邦不用伊，何必鋒尖利。　暖氣借吹噓，漸轉融和意。墨瀋方濃酒正酣，揮灑龍蛇勢。

【箋注】

上片起二句，言冬季寒冷，筆尖凍結像刺一樣硬。下接二句，從反面來說筆只有文人使用，武將「定國安邦」是「不用伊」的，又何必如此「鋒利」呢？自有諷喻之意。下片點明題目「呵筆」。寫字人呵氣，使凍硬的筆尖漸漸融化，墨汁研濃，酒興「正酣」，揮毫書寫，筆走龍蛇，其樂融融。

憶秦娥　踏雪

山光白。山光白襯天光黑。天光黑。沈沈遠水，玻璃染墨。　羔裘粘滿花魂魄。芒鞋印滿人蹤跡。人蹤跡。高低路徑，杖藜須策。

【箋注】

此詞上下片各叶三仄韻，並各有三字句疊前七字句韻，此爲定格。

上片寫雪夜景色，黑白相映，如水墨畫。下片寫踏雪人的裘衣「粘滿花魂魄」，渾身都是雪花，筆致新穎。芒鞋踏過，徧地履跡。風雪之夜，路途坎坷，必須「杖藜」而行，方能避免跌倒。寫踏雪夜行之艱辛，歷歷如繪。

莊蓮佩詞四首

作者小傳

莊蓮佩字盤珠，嘉慶時江蘇常州人。吳軾妻，有《秋水軒詞》。她自幼「穎慧好讀書。從其兄芬佩受漢魏六朝唐人詩，因倣爲之，輒工。其詩多幽怨淒麗之作，大抵似《昌谷集》云。嘉慶某年得瘵疾，卒年廿五。」（見吳德旋《初月樓文集》）她青年早卒而詞甚佳。丁紹儀《聽秋聲館詞話》云：「近時莊蓮佩女史〈醉花陰〉詞：『蕩破斜陽，響落風箏影。』〈滿宮花〉：『犬吠一簾花影。』〈卜算子〉：『一路垂楊到畫橋，過盡春衫影。』亦可謂善用『影』字。」然而，前人所評，並不恰切。她的詞不在於字句鍛鍊，辭藻華美，而是在於樸素淡雅，明白如話。其小令意境超凡，似一幅幅淡墨描繪的有聲畫圖。

清平樂 春夜聞笛

溶溶漾漾。一笛清宵響。燈燼小樓人再上。月在柳梢惆悵。　梁間燕子驚猜。也教伴我徘徊。不聽怎生便睡，聽時春恨偏來。

【箋注】

此詞寫月中聞笛。上片著重寫景，下片著重抒情。以「月在柳梢惆悵」引入，以下皆寫人的「惆悵」，筆致清幽，別具一格。

醉紅妝 秋暮

不知何處響碪聲。到儂心，分外清。斷鴻叫落一天星。雲黯黯，雨冥冥。　問秋可肯再消停。放楊柳，枝兒青。卻儘西風吹個飽，全不用，半點情。

【箋注】

上片寫風送碪聲，斷鴻唳天，雲黯星沈，夜雨淅瀝，暮秋景物淒清。下片問秋：爲何如此無情？西風肅殺，草木凋零。全詞皆爲語體，若譜今樂，亦是一首幽美的歌曲。

一籮金 殘菊

絕似佳人支病骨。又似寒儒，憔悴鶉衣結①。曉怕濃霜昏怕月。重陽以後傷離別。　蘆花紙閣塵清絕。占斷秋光，也算花豪傑。未脫塵根終有劫。爲花懊惱多時節。

【箋注】

此詞上片比喻新奇，以佳人病骨，寒儒破衣，來刻畫殘菊。曉霜昏月中殘菊枯萎，自是似人之貧病交加。下片言菊之禦霜耐寒性格，天生傲骨，終於獨占秋光，可稱花中「豪傑」。末結二句言花亦言自己，年少病瘵，自深「懊惱」。

① 鶉衣：鵪鶉毛羽有斑紋，如破衣補綴。唐・杜甫詩：「鶉衣寸寸針。」

臺城路 寄外

昨宵猜著今宵雨，今宵月華翻皎。露白蟲驚，風疏雁響，是我關心偏早。爲誰懊惱。問消瘦緣由，便天難曉。有甚方兒，可將儂病竟醫好。和衣連悶睡倒。正朦朧著枕，忽忽又驚覺。池鬧殘荷，門喧賸葉，尚有秋聲多少。難禁自笑。怎剛怕秋來，便愁秋老。病裡年光，也拋人去了。

【箋注】

此爲作者寄夫吳軾詞。空閨獨處，秋聲喧枕，「病裡年光」更增懷人念遠之思。語句樸素，感情眞切，讀其詞如相對絮語，娓娓動人。

劉琬懷詞 六首

作者小傳

劉琬懷字韞如，一字撰芳，嘉慶間江蘇常州人。虞朗峰妻，有《補闌詞》。她的母親虞友蘭是女詩人，她與弟芙初「同承庭訓，各有詩名」。其詞集自序云：「昔年家園中有紅藥數十叢，臺榭參差，闌干曲折。與諸昆仲及同堂姊妹聚集其間，分題吟咏，塡有長短調六十闋，名《紅藥闌詞》。後置之架上，忽爾遺失，未知何人將覆瓿耶？每思及甚懊惱，僅記得數十首，餘竟茫然。今來京邸，閒窗獨坐，棖觸無聊，將所記錄出。又成數十闋，謂之『補闌』。續成前夢，亦不計工拙，聊自一歎耳！」她的詞幽雅秀麗，爲嘉道間衆多女詞人中之翹楚。

臨江仙 咏蕉扇

質潤光溶骨秀，剪成小樣玲瓏。九華六角總輸工①。遙侵鬟影綠，暗灑汗斑紅。

記得夢中覆鹿②，炎涼語徹空空。伴人閑倚曲闌東。揮開楊柳月，搖散藕花風。

【箋注】

起二句寫以蕉葉剪成小扇的形質、光澤，令人喜愛。下句用「九華」、「六角」扇典故，說明她的蕉扇，勝過華貴的漢桓帝所賜之扇及高雅的王羲之所書之扇。結兩句言她的蕉扇取自芭蕉葉。綠影侵鬢，用一「遙」字，而汗灑紅斑，用一「暗」字，於此，亦可領會用字之妙。下片用蕉下覆鹿典故，更深一層，增加哲理情趣。結末承上「炎涼」句，言揮扇納涼。月明之夜，藕花風香，「揮開」、「搖散」，兩動詞亦甚精練。

①九華六角：九華，曹植〈華扇賦・序〉：「昔吾先君常侍，得幸漢桓帝，賜方扇，不方不圓，其中結成文，名曰九華。」六角，《晉書・王羲之傳》：「羲之在蕺山見一老姥持六角竹扇賣之。羲之書其扇各五字，老姥初有慍色，羲之謂，但云是王右軍書，以求百錢。姥如其言，人競買之。」

②夢中覆鹿：《列子》：「鄭有薪于野者，遇駭鹿，御而擊之，斃之。恐人見之也，遽而藏諸隍中，覆之以蕉。俄而遺其所藏處，遂以爲夢焉。」

臨江仙 望雪

可惜燕臺雪色，從來未著梅花。瑤姿玉質委塵沙。檐空棲野雀，樹古踏寒鴉。幾處淺酌低唱，黨家風味爭誇①。何人清興鬥尖叉②。圍爐呵凍筆，携銚煮新茶。

【箋注】

此詞爲作者在北京所作。燕臺指北京，北方冬季嚴寒，無有梅花，故上片嘆息北方雪景寂寥，所見者惟有野雀與寒鴉。下片言北國習俗羊羔美酒，爭誇美味，而作者則認爲雅人清興應是呵凍筆、賦雪詩，圍爐共煮新茶。與前者成爲雅俗對比。

①黨家風味：《提要錄》謂陶穀買得黨太尉故伎，遇雪，陶取雪水烹團茶，謂伎曰：「黨家應不識此？」伎曰：「彼粗人安有此景，但知於銷金帳內淺酌低唱。」

②尖叉：宋．蘇軾有〈雪後書北臺壁〉、〈謝人見和前篇〉詩皆用「尖叉」韻咏雪，是作詩叶險韻之著例。後世遂以「尖叉」爲叶險韻之代稱。

蝶戀花 烹茶

滿汲新泉分碧荈①。一逕松聲，雜得旗槍戰②。幾縷輕煙吹不斷。游絲共裊閑庭院。

日正長時消午倦。清入詩腸，好句都成串。水厄何須遭客怨③。春風小試平臺畔。

【箋注】

上片說烹茶的過程，汲清泉，瀹碧茗，水沸如聞松風，茶葉在沸水中飄浮有如「旗槍戰」。茶煙幾縷與游絲共裊，使得「閑庭院」春意盎然。下片寫飲茶後，午倦消而詩興發，「好句都成串」。最後以「水厄」典故，說明嗜茶之樂趣，並以春風試茗點題。

①荈：茶之別名。陸羽《茶經》云：「其名：一曰茶，二曰檟，三曰蔎，四曰茗，五曰荈。」

②旗槍：一芽帶一葉者謂之旗槍，今綠茶仍有此名稱。

③水厄：《太平御覽》引《世說》：「晉司徒長史王濛好飲茶，人至，輒命飲之。士大夫皆患之，每欲往候，必云：『今日有水厄。』」

金縷曲 春日感作

夢影雙丸逐①。漸消磨、輞川煙水②，平泉花木③。龍腦一爐茶七椀④，悔不襟期偏俗。分領略、人間清福。謾問禁煙明日事⑤，且懵騰、閑展離騷讀。山鬼笑⑥，湘君哭。也知生世原空谷。太匆匆、隙塵過馬⑦，隍陰覆鹿⑧。我是個中參透慣，冷眼花前銀燭。獨倚遍、碧闌干曲。滿徑雲停門自掩，種琅玕、幾樹森森玉⑨。聽新雨，長新綠。

【箋注】

此詞上片言光陰迅速，消磨於園林花木間，「一爐香七碗茶」自是人間清福。「禁煙」指寒食（即清明前一日），在這樣幽雅的環境中「閑展〈離騷〉讀」，更是逍遙自在。下片言人生匆匆，猶如一夢，何必患得患失，在恬靜之中種竹、聽雨，更增韻事。昔日女詞人由於封建社會種種不幸遭遇，所作倚聲多愁苦之情，作者隨宦在外，境遇較好，自云領略得「人間清福」，是爲昔日女詞人罕見的曠達之作。

①雙丸：指日月。《禮記・月令・疏》：「日似彈丸……或以月亦似彈丸。日照處則明，不照處則暗。」

②輞川：在陝西省藍田縣南。山川風景幽美，唐代大詩人王維別墅在此。

③平泉：在河南省洛陽，爲唐代李德裕別墅。

④龍腦一句：龍腦，龍腦樹幹中膏脂，製成白色結晶體，俗稱冰片。爲中藥，甚名貴，古代做爲焚香用料，其香氣經久不散，產於閩、廣、海南，唐代宮廷所用爲交趾貢品，稱「瑞龍腦」。（見段成式《酉陽雜俎．續篇》）七椀，唐．盧仝〈新茶〉詩：「一椀喉吻潤。兩椀破孤悶。三椀搜枯腸，唯有文字五千卷。四椀發輕汗。平生不平事，盡向毛孔散。五椀肌骨滑，六椀通仙靈。七椀吃不得也，唯覺兩腋習習清風生。」（見《全唐詩》）

⑤禁煙：古代寒食節禁火，冷食，無炊煙，故而又稱爲禁煙。《荊楚歲時記》云：「去冬至一百五十日即有疾風甚雨，謂之寒食。」按：在清明前一日（或二日）。唐．張說詩：「從來禁火日，會接清明朝。」

⑥山鬼笑二句：〈山鬼〉爲《楚辭．九歌》之一篇，其中有句云：「既含睇兮又宜笑，子慕予兮善窈窕。」〈湘君〉爲《楚辭．九歌》之一篇，其中有句云：「女嬋媛爲余太息，橫流涕兮潺湲。」

⑦隙塵過馬：《莊子．知北遊》云：「人生天地之間，若白駒之過隙，忽然而已。」《史記．魏豹傳．索隱》云：「莊子云：『無異騏驥之馳過隙』，則謂馬也。」

⑧隍蔭覆鹿：見前〈臨江仙〉「咏蕉扇」注②。

⑨琅玕：玉名，以之比喻竹。唐．杜甫詩：「留客夏簟青琅玕」，白居易〈種竹〉詩：「拂肩搖翡翠，熨手弄琅玕。」

金縷曲

結屋東頭老。問今生、閑愁種種，幾時能掃。贏得吟魂猶淡蕩，只繞謝池芳草①。又陣陣、東風吹早。殘夢卻隨流水斷，聽曉鶯、但逐桃花杳。剩楊柳，絲絲裊。　空亭容膝休嫌小②。獨徘徊、疏簾一桁，半留晴照。收拾春衣從笑取，紫鳳天吳顛倒③。莫更說、舊針神稿④。辛苦工蠶原自分，奈成都、桑樹年來少⑤。絲欲吐，食難飽。

【箋注】

此詞爲作者晚年在鄉里所作。上片藉寫景以抒情，投老歸故里，仍是「閑愁種種」、「吟魂澹蕩」。下片寫貧困生涯，衣服破舊，縫補「紫鳳天吳顛倒」。從前自己擅長刺繡，而今日年邁難以施展巧藝了。「辛苦工蠶原自分」以下以蠶自喻；雖欲吐絲，但桑葉少，「食難飽」。可知她晚年度日之艱難矣。

① 謝池芳草：《昭明文選》謝靈運〈登永嘉池上樓〉詩：「池塘生春草，園柳變鳴禽。」

② 容膝：《昭明文選》陶潛〈歸去來辭〉云：「倚南窗以寄傲，審容膝之易安。」

③ 紫鳳天吳顛倒：唐．杜甫〈北征〉詩：「床前兩小女，補綻纔過膝。海圖坼波濤，舊繡移曲折。天吳及紫鳳，顛倒在裋褐。」杜詩言其兩女衣裳破爛，用敝舊繡品補綴，是以海圖波濤，天吳（鳥名）紫鳳，皆圖象顛倒縫補衣上，襤褸不堪。

④ 舊針神稿：《拾遺記》謂魏文帝之姬薛靈芸女紅絕妙，「於深帷之內不用燈燭之光，裁製立成……宮中號爲針神也。」

⑤ 成都桑樹：《三國志・蜀志・諸葛亮傳》：「初，亮自表後主曰：『成都有桑八百株……』」

滿江紅 題赤壁圖①

碧浪滔滔，極目處、鏖兵遺跡②。都銷盡、曹瞞雄壯，周郎俊傑③。烏鵲千秋依樹宿④，東風一夜吹灰滅⑤。剩江山、灑落到坡仙，才難絕。 倚桂棹，心幽切。携斗酒，神怡悅。綴畫圖片幅，古今披閱。羽扇無人談笑望，洞簫有客聲音咽⑥。正清宵、唳鶴過翩翩⑦，空明徹。

【箋注】

此詞上片從圖中所繪「碧浪滔滔」聯想到赤壁之戰，曹操大敗，「東風一夜吹灰滅」，戰船盡焚燬。最後三句點出所題爲蘇東坡夜遊赤壁圖。下片概括蘇軾前後〈赤壁賦〉名句，題咏所繪景色、人物，簡練恰切，不同凡響。

① 赤壁：山名。在湖北省嘉魚縣東北，長江南岸。山岡鐫有「赤壁」二字，三國時吳國周瑜擊敗曹操之處。又在湖北黃崗縣城外有山名「赤鼻磯」，宋・蘇軾遊此作前後〈赤壁賦〉。清《一統志》引胡珪〈赤壁考〉云：「蘇子瞻所遊乃黃州城外『赤鼻磯』，當時誤以爲周郎赤壁耳。」

② 鏖兵：激烈戰鬥。《漢書·霍去病傳》：「鏖皋蘭下」。注云：「鏖，謂苦擊而多殺也。」

③ 曹瞞、周郎：曹操小字阿瞞。周瑜字公瑾，年廿四歲授建威中郎將，吳中皆謂之周郎。

④ 烏鵲：曹操作〈短歌行〉云：「月明星稀。烏鵲南飛。繞樹三匝，無枝可依。」

⑤ 東風一夜吹灰滅：據《三國志·吳志·周瑜傳》，曹操入荊州，劉琮降，曹得水軍船及步兵數十萬。劉備遣諸葛亮詣孫權，遂定計與周瑜并力破曹軍於赤壁。當時曹軍在江北岸，周瑜等在南岸。其將黃蓋曰：「今寇眾我寡，難與持久。然觀操軍船艦首尾相接，可燒而走也。」於是以鬥艦數十艘，載薪草、膏油灌其中，外裹帷幕，上建牙旗，又以小船繫於大船後，使黃蓋詐降。駛至曹軍前，放船發火，風大火猛，頃刻曹軍戰艦及岸上營帳皆燃燒，曹軍終大敗。宋·蘇軾作〈念奴嬌〉（赤壁懷古）詞云：「遙想公瑾當年，小喬初嫁了，雄姿英發。羽扇綸巾，談笑間，檣櫓灰飛煙滅。」（見《全宋詞》）

⑥ 洞簫有客聲音咽：蘇軾〈前赤壁賦〉：「客有吹洞簫者，依歌而和之。其聲嗚嗚然，如怨如慕，如泣如訴。餘音嫋嫋，不絕如縷。舞幽壑之潛蛟，泣孤舟之嫠婦……。」

⑦ 唳鶴過翩翩：蘇軾〈後赤壁賦〉云：「時夜將半，四顧寂寥。適有孤鶴，橫江東來，翅如車輪，玄裳縞衣，戛然長鳴，掠予舟而西也。須臾客去，予亦就睡。夢一道士，羽衣蹁躚，過臨皋之下，揖予而言曰：『赤壁之遊樂乎？』問其姓名，俛而不答。『嗚呼噫嘻！我知之矣！疇昔之夜，飛鳴而過我者，非子也耶？』道人顧笑，予亦驚寤。開戶視之，不見其處。」

浦夢珠詞 六首

作者小傳

浦夢珠字合雙，嘉慶間人，其傳世之作僅存〈臨江仙〉詞九首。（見《小檀欒室彙刻閨秀詞鈔》）詞前有〈小序〉云：「嘉慶甲子上元，從芙蓉山館得蘭村先生（袁枚之子袁通號蘭村）〈臨江仙〉十二闋，久深泥絮之悲，復動風蘋之感。強收鮫淚，研以麝臍，依數和成，用申惆悵。惟是天名有恨，媧補難全。水號將離，禹疏不到。頻喚奈何，冀逢子野。竟能悔過，尚望連波。錄奉璧雙夫人正之。薛濤箋小，難遍書薄命之詞，秦女笙清，或善譜工愁之曲邪？」九闋詞（原爲十二闋，已佚三闋）皆敘述她自己不幸的身世，情眞語摯，句句爲肺腑之言。她爲富家做妾而大婦不許她與夫同處，其夫亦棄之不顧，惟小序中仍希望其夫悔過，與她重新和好，從而可知塡此十二闋詞時仍爲富家妾也。她出身貧家，自幼爲繡花女工，而能作這樣蒨麗淒婉的詞，極爲難能可貴。順序讀之，有如她用詞寫的自傳。今日誦之，宛如目睹其悲慘遭遇。

臨江仙

記得春閨初學繡，花棚高似身長。金針拈得費思量。不分花四角，何處到中央。
碧綠青紅親手理，殘絨唾上紅窗。嬌癡渾未識鴛鴦。怪他諸女伴，偏愛繡雙雙。

【箋注】

上片敘述自己出身貧家，幼年學繡，身材矮小，終日站在花棚前，仍然看不清花樣全貌，工作十分辛苦。下片寫只知埋頭刺繡，對花樣的愛情象徵，茫然不解。

臨江仙

記得雙星初拜日①，輕開槅子冰紋。沈沈深院寂無人。生憎風一陣，底揭藕絲裙。
八尺藤床紅玉枕，桃笙一線涼痕②。惺忪夢破乍迴身。鬢鬆誰替整，狼藉一窩雲。

【箋注】

上片自敘她已長成娉婷少女，從七夕牛女相會故事中，理解了夫妻愛情。風吹裙衩一句用暗示手法，描繪少女情竇初開的神情，從而引出下片驚夢。夢中使她感到小姑獨處，「鬢鬆誰替整」？她自抒春心，較《牡丹亭》設想的杜麗娘更爲生動而眞切。雖未說夢境，但讀者自能領會。

① 雙星初拜日：昔日及笄少女於七月七日之夜乞巧，拜牽牛、織女星。七夕又稱爲雙星節。唐·杜甫詩：「銀漢會雙星」。

② 桃笙：《昭明文選·左思吳都賦》：「桃笙象簟」，劉淵林注：「桃笙，桃枝簟也。吳人謂簟爲笙。」

臨江仙

記得鴆媒來問字①，背人悄坐蘭房。偷聽細語說周詳。夢徵誇綠鳳，生甲怕紅羊②。
道作雙星須伴月③，一言難辯荒唐。神仙生豈便隨郎。誤人劉碧玉④，貪嫁汝南王。

【箋注】

上片言偷聽媒人來爲她議婚事。下片言「雙星伴月」，須爲人作妾。當時她尚難分辨此事「荒唐」，她的父母貪圖財富，貽誤了她的終身。

① 鴆媒一句：《楚辭・離騷》云：「吾令鴆以爲媒兮，鴆告余以不好。」鴆爲毒鳥，古代用鴆羽浸酒，飲之即死。詞中言自己爲媒人毒害。問字，封建習俗媒人做媒時，女方如將生辰年、月、日、時之干支共八個字，交與媒人，與男方合婚，即爲初步同意婚事。

② 紅羊：宋・柴望《丙丁龜鑑》謂丙午、丁未爲國家厄運之年，以丙丁屬火，色赤，未爲羊，故謂之「紅羊劫」。此詞中借指封建迷信傳說，謂女子未年生者命苦。

③ 雙星伴月：《詩經・召南》：「嘒彼小星，三五在東。」鄭箋：「小星即衆多無名之星，比喻周王衆妾。」後世遂以小星爲妾之代稱。

④ 劉碧玉：《樂府詩集・吳聲歌曲・碧玉歌》引《樂苑》云：「〈碧玉歌〉者，宋汝南王所作。碧玉，汝南王妾名。」

臨江仙

記得釃笄侵曉起①，畫眉初試螺丸②。黛痕淡淡上春山。乍驚新樣窄，較似昨宵寬。
一樣敷來仙杏粉，難勻怪煞今番。傳聞郎貌玉珊珊。妝成嬌不起，偷向鏡中看。

【箋注】

此詞言出嫁之晨，梳妝時的歡欣心情和驚喜動作。她原爲貧家少女，平時沒有化妝品，嫁日初試濃妝艷抹，描繪栩然，如見其人。下片「傳聞郎貌」以下三句，爲了要贏得其夫憐愛，對鏡顧影，嬌媚神態，只有女詞人自己纔能寫出。溫庭筠名句「照花前後鏡」仍是旁觀者手筆。

① 釃笄：〈釃駒〉，逸詩篇名，告別之歌。笄，女子挽髻之簪。《儀禮・士昏禮》：「女子許嫁，笄而醴之，稱字。」

② 螺丸：螺子黛，簡稱螺黛，古代婦女用以畫眉。原出波斯國，圓形，故又稱螺丸。隋代價昂，每丸十金。宋・歐陽修〈阮郎歸〉詞云：「淺螺黛，淡胭脂。」

臨江仙

記得零丁江上棹，匆匆誤作桃根①。竟將入溷作飄茵②。夫人城十丈③，圍不住穠春。
付與閨房教獨守，苔衣繡似長門④。小名替改更愁聽。不教行暮雨，偏喚作朝雲⑤。

此闋言她獨自乘船嫁到夫家，原想從此落花有主，飄在錦茵之上，可過富裕生活。豈知竟墮於汚溷之中，大婦悍妒，使她備受虐待，又將她名爲侍妾，而不許與夫同居。

【箋注】

①桃根：王獻之妾名。

②飄茵：《梁書·范縝傳》謂竟陵王問范縝曰：「君不信因果，世間何得有富貴？何得有貧賤？」縝答曰：「人之生譬如一樹花，同發一枝，俱開一蒂，隨風而墜，自有拂簾幌墜於茵席之上，自有關籬牆落於糞溷之側，墜茵席者，殿下是也，落糞溷者，下官是也。貴賤雖復殊途，因果竟在何處？」

③夫人城：《晉書·朱序傳》云其母韓氏率婦女守襄陽城，後人稱夫人城。此借用言大婦對其夫防範甚嚴，不許和她接近。

④長門：漢代宮殿名。武帝時陳皇后失寵，別居長門宮，作者以此比喻她自己被打入冷宮。

⑤暮雨、朝雲：《昭明文選·宋玉高唐賦》謂襄王游於雲夢之臺，望高唐之觀，其上有朝雲。王問：「何謂朝雲？」宋玉曰：「昔懷王遊高唐，怠而晝寢，夢見一婦人，曰：『妾巫山之女也，爲高唐之客。聞君遊高唐，願薦枕席。』王因幸之。婦人去而辭曰：『妾在巫山之陽，高丘之阻。旦爲朝雲，暮爲行雨，朝朝暮暮，陽臺之下。』」又蘇軾妾名朝雲。

臨江仙

記得傷春初病起，日長慵下妝樓。慧因悔向隔生修。草偏栽獨活①，花未折忘憂。

一幅生綃窗下展，親將小影雙鈎②。畫成未肯寄牽牛③。只緣描不出，心上一痕秋。

【箋注】

此闋言她被大婦逐出家門，獨自居住，其夫亦棄之不顧。她雖孤單淒苦，但仍希望與夫和好，欲描容寄夫，只是這「心上一痕秋」，無限愁思怎能畫得出呢？結句有畫龍點睛之妙。

① 獨活二句：獨活，中草藥名。忘憂，萱草別名。借此兩草名以喻她嫁後獨居之愁緒萬千。

② 雙鈎：繪畫方法之一種。先用筆鈎出輪廓，然後設色，謂之雙鈎。

③ 牽牛：牽牛星，比喻其夫與她分隔二處，如天上雙星隔著銀河。

孫蓀薏詞 五首

作者小傳

孫蓀薏字秀芬，號苕玉，嘉慶時杭州人。高第妻，有《衍波詞》。「苕玉幼失母，其父授以詩法，年未及笄即有詩若干卷。迨歸于高，亦名士也，閨房酬唱，各稱畏友。」（見《杭郡詩續輯》）她所作〈賀新郎〉咏《紅樓夢》黛玉詞，流傳至日本，明治時東京著名詩人森槐南曾和其原韻。她幼承庭訓，精通翰墨，其夫爲名士，兒子是達官，自少年至暮歲，都在美滿家庭、歡樂環境中生活，是歷代女詞人之幸運者。

高陽臺 題李香君小影①

曼臉勻紅，修眉暈碧，內家妝束輕盈②。長板橋頭③，最憐歌管逢迎。無端鼙鼓驚鴛夢④，悵倉皇、雲鬢飄零。黯消凝、舊院春風，芳草還生。　桃花扇子携羅袖⑤，問天涯何處，寄與多情。廿四樓空⑥，白門明月凄清。江山半壁成何事，但蒼茫、一片蕪城⑦。莫傷心、金粉南朝，猶剩娉婷。

【箋注】

此詞是題明末名妓李香君小像，內容即以清初孔尚任所寫《桃花扇》傳奇爲主旨。開端三句言小像所繪美人面貌、服裝，「長板橋頭」以下，皆言香君的身世與遭遇。過片點出《桃花扇》故事，從而引出明末弘光小朝廷終於傾覆。結尾與開端遙相呼應，南朝破滅而小像猶存，章法井然，感慨系之。

① 李香君：明末名妓，她與當時復社名士侯方域相愛，孔尚任以此愛情故事爲主線，藉以抒發明末亡國之恨，編成戲曲《桃花扇》傳奇。全劇四十四齣，以香君拒嫁田仰，撞地「面血濺扇」，楊龍友以畫筆點成桃花實事爲劇名。孔尚任又云：「遂本此以撰傳奇，於朝政得失、文人聚散，皆確考時地，全無假借」，因而成爲中國戲劇史上之名著。

② 內家妝束：內家指宮廷，即宮人妝束。《桃花扇》有〈罵宴〉、〈選優〉二折，即演香君被選入弘光小朝廷爲歌伎。

③ 長板橋頭：明代秦淮河畔妓女聚居之處，名曰舊院。其地有長板橋，清代余懷撰《板橋雜記》一書，敘明末名妓與當時名流的故事，亦反映朝政腐敗，士大夫之放蕩生活。

④ 無端鼙鼓句：《桃花扇》第十二齣「辭院」，敘侯方域與李香君定情之次日，阮大鋮要逮捕侯生，侯倉皇逃走，香君乃閉門謝客。

⑤ 桃花扇子以下三句：即概括劇中「寄扇」一折。敘侯生逃亡之後，李拒別嫁，將血染之桃花扇託蘇崑生轉交

侯方域。

⑥廿四樓：明代有歌樓廿四所。

⑦蕪城：南朝・鮑照有〈蕪城賦〉言南朝宋竟陵王劉誕據廣陵（今江蘇揚州）反，兵敗而死，城邑荒蕪。此詞中借指南京。

菩薩蠻

沈沈漏箭催清曉。鴨爐猶剩餘香裊。吹滅小銀燈。半窗斜月明。　繡衾金壓鳳。好夢同郎共。含笑語檀郎。何須共斷腸。

【箋注】

上片寫斜月映窗，爐燼香裊，夫婦共度恩愛良宵之室內景物。較之唐人詩：「八尺龍鬚方錦褥，已涼天氣未寒時。」更爲具體。下片寫女詞人與「檀郎」之柔情蜜意，眞切細膩，與昔時男作家香奩之作，摹擬閨音，自有天壤之別。

奪錦標　染指甲

麂眼籬邊，蛩聲砌畔，又見鳳仙開矣①。尋徧露叢輕摘，碎擣金盆，染成霞膩。似唾絨點點，早一夜、春生纖指。惹檀郎、時泥人看②，驚笑是彈紅淚。　七夕星期又是③。乞巧筵前，女伴穿針偷比。更較唇間脂暈，臂上砂痕④，一般妍媚。怕猩紅易褪。遮莫向、銀塘頻洗。試瑤琴、月底携來，彈作落花流水。

【箋注】

此詞描繪昔時女子以鳳仙花染紅指甲之過程。先寫纖指之美，增加閨中之樂；再寫乞巧穿針時，更顯得手巧而美艷。「試瑤琴」以下寫揮手彈琴，紅甲如點點「落花」，飄蕩在一曲「流水」聲中。雅韻妙喻，令人神往。

① 鳳仙：花名，有紅、紫色。採下花瓣加明礬擣碎，可染紅色。以此染指甲，數日不褪，故又名指甲草。

② 泥：音ㄋ一ˋ，以軟媚之態，強有所求。唐．元稹〈悼亡〉詩：「泥他沽酒拔金釵。」

③ 七夕以下三句：農曆七月初七夜爲「七夕」，民間傳說是夜牛郎、織女雙星相會，「是夕，人家婦女結綵縷，穿七孔針，……陳几筵、酒脯、瓜果於庭中乞巧。」（見《荊楚歲時記》）

④ 臂上砂痕：指古代宮人臂上所點「守宮砂」。守宮即蜥蜴，又名壁虎，古代以硃砂餵養食滿七斤，蟲體盡赤，擣萬杵，點婦女臂上，永不消失，惟有房室之事則滅去。（見《博物志》）

賀新涼 題《紅樓夢傳奇》

情到深於此。竟甘心、爲他腸斷，爲他身死。夢醒紅樓人不見，簾影搖風驚起。漫贏得、新愁如水。爲有前身因果在①，拌今生、滴盡相思淚。頻喚取，顰兒字②。瀟湘館外春餘幾。襯苔痕、殘英一片，斷紅零絮。飄泊東風憐薄命，多少惜花心事。携鴉觜、爲花深瘞。歸去瑤臺塵境杳，又爭知、此恨能消未。怕依舊，銷蛾翠。

【箋注】

此闋在清末流傳至日本，明治詞人森槐南曾和韻，題爲「讀《紅樓夢》用孫苕玉女史韻」，見其全集，拙作《日本三家詞箋注》亦曾選注。《紅樓夢傳奇》，清代仲雲澗撰，取材於曹雪芹《紅樓夢》寶玉與黛玉戀愛故事，改編爲戲曲，內容大致與現代越劇所演者相似。

①爲有前身因果在三句：曹雪芹《紅樓夢》第一回中說，寶玉未降生人世時，爲神瑛侍者，見靈河岸上，三生石畔，有棵絳珠仙草，遂日以甘露灌溉。後仙草幻成人形，修成女體降生人世，即是黛玉。由於她受了神瑛甘露之惠，遂把「一生所有眼淚還他」。

②顰兒字：曹雪芹《紅樓夢》第三回說寶玉初見黛玉，贈她表字「顰顰」。

附錄：日本森槐南《賀新郎》（讀《紅樓夢》用孫苕玉女史韻）

情痴者如此。最傷心、迷花蝶化，吐絲蠶死。猶記屏山眉黛蹙，懶把嬌鬟攏起。空繪了、盈盈秋水。夢見分明醒恍惚，只風前、湘竹吹斑淚。將影寫，個人字。　今生消受淒涼幾。算知心、鸚哥雪白，侍兒鵑紫。氤薄難翻前定數，信道人間世事。離不脫、玉埋香瘞。悔煞前生聯木石，便靈河、岸上相逢未。誰長養，恨芽翠。

水調歌頭 登六和塔①

到眼忽金碧，塔影掛晴空。問誰爲此窣堵②，卓筆寫蒼穹。最好憑闌長望，隔岸越山如笑，揖我白雲中。城郭渺茫際，鈴語墜天風。　登臨興，懷古意，兩何窮。是處江山洵美③，韶景惜悤悤。算話錢王舊事④，惟有無情潮水，日夜自流東。欲去更回首，落日一江紅。

【箋注】

此詞爲登臨杭州六和塔所作，騁目放懷，語句豪爽，與閨中諸作情調迥異。作者才華不凡，於此可見。

① 六和塔：明．田汝成《西湖游覽志．浙江勝跡》云：「六和塔在月輪峰傍。宋開寶三年智覺禪師建……高九級，五十餘丈。撐空兀突，跨陸俯川，海船夜泛者，以塔燈爲指南焉。」按：此塔宣和間燬於兵火，紹興間重建。

② 窣堵：塔之梵語曰「窣堵波」。宋．王安石〈北山三咏．寶公塔〉：「道林眞骨葬青霄，窣堵千秋未寂寥。」

③ 洵美：實在美好之意。洵，誠然。

④ 錢王：錢鏐唐末擁兵兩浙，稱吳越國，傳至其孫錢俶歸順宋朝，國除。「錢王舊事」二句指錢氏曾以萬弩射潮頭典故。（見《西湖游覽志．六和塔》）以此塔在錢塘江畔，故結末言及浙江潮。

屈秉筠詞 四首

作者小傳

屈秉筠字宛仙，嘉慶間江蘇常熟人。趙同鈺妻，著有《韞玉樓詩詞》。她與夫趙同鈺皆工詩詞，閨房之內，琴鳴瑟應。袁枚比之「鷗波眷屬」（鷗波館爲元代趙孟頫，管道昇夫婦所居）。她嘗與人論詩云：「詩之爲道，以不著議論，自抒情感爲工。顧言情必先練識，練識必先立意。」（見席佩蘭《天眞閣文集》）

漁家傲 楊花

水外堤邊楊花瘦。依稀似夢和情逗。正是高樓簾卷候。斜陽漏。半窗晴雪紋紗透。

撇卻繡茵溫又厚。迎風只愛天涯走。化作浮萍緣亦偶①。心知否。一池春水剛吹縐②。

【箋注】

此闋咏楊花，立意新穎，下片尤佳。言楊花不願落在溫厚的「繡茵」之上，而愛隨風遠走「天涯」，大有英豪氣慨。如此描寫楊花性格，前無古人。

① 化作浮萍：舊時傳說，楊花落水化爲浮萍。

② 一池春水剛吹縐：五代馮延巳〈謁金門〉詞：「風乍起，吹縐一池春水。」

重疊金 梨花雙燕便面①

東風吹得梨雲老。苔茵幾尺埋香草。蝴蝶夢無蹤。殘妝不肯濃。　看他雙燕子。憐惜還如此。銜得一星星。無非是好春。

【箋注】

此詞上片寫春深梨花凋謝。下片別具匠心，以雙燕銜落花表現惜春，情致纏綿。結末二句尤妙。

① 便面：即扇面。古代以扇障面，故曰「便面」。（見《漢書・張敞傳・注》）

醉太平 并序

陳寶月夫人結璘①，爲瞿留守子婦。詩畫俱娟逸。其翰墨流傳絕少，嘉慶庚申吳竹橋太史獲其詩畫便面各一，疑留守歸骨後，隱居東皋別業所作。櫝以見示，爲填此詞。

山川劫塵。繁華夢醒。金閨何限傷情。住東皋數楹。　蘭姿蕙心。豪仙墨靈。休嗟舊業飄零。化煙雲自新。

【箋注】

此詞題清初女詞人陳璘所作詩畫扇面。上片言明亡後，陳仍居其翁故居東皋草堂中。下片言陳詩畫俱佳，雖國亡家破，但她的作品長存。

①陳寶月二句：陳寶月，即順治間女詞人陳璘。瞿留守，即明末抗清忠臣瞿式耜。（見前陳璘詞及小傳）

慶清朝 山寺探梅

雲拂衣輕，風梳鬢薄，香來古佛龕中。清寒一片，旃檀和氣交融①。此地誰橫鐵笛，尋春喚醒玉虬龍②。閑凝竚、四圍冷翠，裹住芳叢。　是畫是詩是夢，恰憑闌閑想，雪意朦朧。羅浮世界③，前生蝴蝶曾逢。歸鳥不知倦去，夕陽斜佇一山空。飛樓峭，衆峰爭赴，袖底玲瓏。

此闋咏山寺進香、觀賞梅花。山色、梅花與作者遐想交織在一起，的確「是畫是詩是夢」，頗爲美妙。

【箋注】

①旃檀：即佛前焚燒的檀香。梵語「旃檀那」。

②玉虬龍：老梅狀如虬龍。又笛名「玉龍」。

③羅浮世界：隋代趙師雄憩梅花樹下，夢花精相會之事。據《龍城錄》，隋開皇中，趙師雄遷羅浮，日暮憩車松林間，見一女子淡妝素服，時已昏黑，殘雪對月色微明。師雄與之語，但覺芳香襲人。因扣酒家門，相與飲……醉寢久之，東方已白，師雄起視，乃在大梅樹下。

李佩金詞 七首

作者小傳

李佩金字晨蘭，一字紉蘭，嘉道間蘇州人。何湘妻，有《生香館詞》。她與楊芳燦之女楊芸齊名，酬唱之作頗多。譚獻評其〈金縷曲〉云：「筆勢奇縱，清照卻步。」（見《篋中詞》卷五）小令尤佳，譚氏稱之爲「五代十國之遺」。其詩亦負盛名，有〈秋雁〉詩四首，江南傳誦一時，呼之爲李秋雁。惜不永年，三十餘即下世。

梅花引

淡煙籠。碧簾櫳。一縷爐香細細風。畫簾東。月如弓。來與眉峰。兩下鬥玲瓏。流鶯枝上春將去。杜鵑聲裡魂何處。意無窮。句難工。小立花叢。含愁數落紅。

【箋注】

此調上片全叶平韻，下片第一、二句叶仄韻，乃此調之定格。上片起三句寫簾內景色，風度簾櫳，爐煙香裊。下接兩句寫簾外一彎新月，隔簾望月，月似蛾眉，更襯托出玉人清韻。下片皆寫室外暮春景物，觸景傷情，吟句難工，惟有步入花叢「數落紅」。是一闋聲情並美的詞。

臨江仙 寄懷雪蘭、蕊淵、林風、畹蘭諸姊妹（十二首錄三）

記得當時游蜀道，送春天氣堪憐。盈盈十四正華年。嬌癡愁不識，逋髮尙垂肩①。
幾點疏星迷曉色，閑雲出岫如煙。喜登劍閣上層巒②。萬山風雨裡，無處不啼鵑。

其二

記得風荷喧夜雨，燈前偷譜香詞。初吟未妥怕人知。人來佯弄筆，推畫海棠枝。
怊悵彩鸞工寫韻③，一方丸帕曾遺。眞珠密字手親題。怕開金鎖匣，不忍見卿詩。

其三

記得錦江分手日，一襟離恨輕兜。西風吹冷淚花浮。臨行還摻袂，欲去更回頭。
獨坐茸窗情悄悄，月鉤鉤起新愁。凍雲如夢罨紅樓。卻寒簾窣地④，積素眩雙眸⑤。

【箋注】

此調十二首爲寄懷楊芸（楊芸字蕊淵）等閨中詞友之作，選錄三首。遊蜀道時作者年僅十四，當是其父在蜀任職，隨宦前往。但塡此詞時，作者已十七、八歲，尚待字閨中，乃回憶往事之作也，蒨麗清新，確是少女的筆致。「喜登劍閣」以下，以簡練筆法寫蜀山險峻，在疊嶂層巒之間，鵑聲四起，令人驚心動魄。第二首上片寫雨夜燈前，初學塡詞之情景。「初吟未妥怕人知」以下三句，少女嬌憨之態，躍然紙上。惟有女作家自己所作，纔能有如此細緻而傳神的描繪。下片言詞友工書法，以小帕見貽，睹物思人，情致綿綿。最後一首寫錦江分手之日，臨歧戀戀不捨的心情與神態，而今回憶，猶歷歷在目。下片敘寒夜獨坐，月照積雪，更增懷人之感。這些小令都具有年少女詞人溫馨柔美的情調。

①逋髮：昔時幼女梳雙髻，新生短髮未能紮起，垂散於肩。

②劍閣：在今四川省劍閣縣東北大劍山與小劍山之間，相傳為三國時諸葛亮所修築之棧道。酈道元《水經注》云：「又東南逕小劍戍北，西去大劍三千里，連山絕險，飛閣通衢，故謂之劍閣也。」

③彩鸞工寫韻：據《宣和書譜》，吳彩鸞為唐代河南女子，太和末嫁文簫，家貧，每日寫《唐韻》一編，售之度日。

④窣地：拂地，拖到地上。此詞中言垂簾拖到地上，以禦寒冷。

⑤積素：指庭院積雪。

蝶戀花

記得黃昏耽靜坐。寵柳嬌花①，春恨吟難妥。珠箔飄燈風婀娜。四圍碧浪春痕簸。

譜就紅鹽蘭燭墮②。擊碎珊瑚，唱徹誰人和。提起閑愁無一可。淚絲彈瘦緗桃朵。

【箋注】

上片寫春花初放的黃昏，正是「春恨吟難妥」之際。晚風驟起，「珠箔飄燈」是寫室內景物，柳浪搖碧是寫戶外春色。「風婀娜」，「春痕皴」，鍊字奇絕。下片言新詞雖已譜成，而獨自「唱徹無人和」，空閨寂寥，無可奈何。末二句尤爲警策，「淚絲彈瘦緗桃朵」，人愁花也瘦，較之「人比黃花瘦」，更進一層了。

①寵柳嬌花：宋．李清照〈念奴嬌〉詞：「寵柳嬌花寒食近，種種惱人天氣。」

②紅鹽：宋．張端義《貴耳集》云：「謂之鹽者，吟、行、曲、引之類。」唐詩：「媚賴吳娘唱是鹽。」元好問詩：「不知猶有竹枝鹽」。按：詞中「譜就紅鹽」就是譜曲。

菩薩蠻 秋夜書懷

冰輪碾破遙空碧。碪聲敲冷相思夕。望斷雁來天。瀟湘煙水寒。　玲瓏花裡月。知否人間別。一樣去年秋。如何幾樣愁。

【箋注】

上片寓情於景，天上一輪秋月，地上一片碪聲，仰望雁行漸杳，平視煙水迷茫。秋色秋聲引人遐想，點明正是懷人念遠「相思夕」。下片觸景生情，對月說愁，皆爲反詰語。筆致新穎，耐人尋味，爲小令上乘佳作，故譚復堂評云：「五代十國之遺」。

金縷曲暮春月夜懷林風、畹蘭於吳中。時予將赴中州。感賦此解。

月照梨花白。背銀屏、疏檠暗淡，薄寒猶怯。煙暝一星搖欲墮，幾樹香桃紅濕。卻正是、銷魂時節。夢影迷離歸路遠，聽啼鵑、泣徧春山碧。飛不度，暮江闊。　柔腸細綴丁香結。想於今、去原有恨，住還無益。兩地相思終不見，何似翻然輕別。怕此後、更無消息。一點墨痕千點淚，看蠻箋、都漬殷紅色。虯箭響①，四更徹。

【箋注】

上片寫春夜臨窗，月照梨花，映襯著室內銀屏、疏燈，更增寒意。户外一片暝煙，天空星光閃爍，模糊可見紅桃樹影，如此良夜而她卻愁悶入睡。以下皆寫迷離夢境：啼鵑盈耳，水遠山遙，難以飛渡。下片點明懷念遠人，柔腸百結。「想於今」是寫當前已是「兩地相思」，且越行越遠，「怕此後」消息也難通了。最後四句描繪賦詞時悲傷的情景，時已四更，澈夜未眠矣！全詞意境奇妙，鍊字造句爐火純青。筆致遒麗，愈轉愈妙。譚獻所評（見小傳）洵非虛譽也。

① 虯箭：古代「銅壺滴漏」立更箭計時，箭上刻畫虯龍花紋。唐．杜審言〈除夜〉詩：「冬氛戀虯箭，春色候雞鳴。」

楊芸詞 八首

作者小傳

楊芸字蕊淵，嘉道間江蘇無錫人。秦承霑妻，有《琴清閣集》。她是著名詞家楊芳燦之女。《閨秀正始集》說她「幼承庭訓，博學工詩，兼擅塡詞。又曾輯古今閨秀詩話爲《金箱薈說》。」郭麐評云：「琴清閣風美流發，在片玉、冠柳之間。」她的詞溫馨婉麗，具有女詞人特有的嫵媚柔情，往昔鬚眉名家摹仿「閨音」，終難與之相比。

臨江仙 同紉蘭四妹作（選三首）

記得深閨邀女伴，相逢又早初春。愔愔小語伴黃昏。茶煙青繞榻，簾影綠於雲。
行向花間同覓句，擘箋細寫回文。最憐小妹太憨生。戲拈雙蝴蝶，替樣畫羅裙。

其二

記得異書曾賭讀，分燈同伴妝臺。就中誰似謝娘才①。暗將難字識，故意教人猜。
珍重寶函裝玳瑁，牙籤甲乙親排②。紅鈴小篆壓香煤。書逋償未了③，相約典金釵。

其三

記得長宵妝閣畔，素蟾纔上雕櫳。明螺槅子一燈紅。玉梅初破蕊，香影最玲瓏。

鬥酒頻拈蕉葉盞，顋渦早暈芙蓉。兜鞋微步小庭中。眠遲貪坐月，薄醉愛臨風。

【箋注】

原作十二首選三，皆爲女詞人自寫閨中情趣。少女嬌憨純眞之神態，躍然紙上，花間艷詞自應退避三舍。第一首上片寫早春時節情景，下片寫姊妹學詞覓句，小妹「替樣畫羅裙」，皆爲描繪女詞人自幼就在幽美的生活環境中，受到詩情畫意的薰染。第二首上片寫姊妹讀書的好勝心理，下片寫買書、藏書，不惜鉅資，她們都願「典金釵」償還書債。第三首寒冬「玉梅初破蕊」，月照雕櫳，在暗香疏影的明窗中，她們「鬥酒」、吟詩，薄醉之後，「兜鞋微步小庭中」，情景交融，何等美妙！

① 謝娘：指晉代才女謝道韞。（見《晉書·王凝之妻謝氏傳》）

② 牙籤甲乙：昔時每函書上懸掛象牙製的標籤，謂之「牙籤」。圖書用甲、乙、丙、丁四部分類。

③ 書逋：買書所欠的債。

蘇幕遮 納蘭以葬花圖屬題①

曲屏閒，深院靜。新綠如煙，煙外涼雲暝。纔見繁英紅玉瑩。一霎東風，瘦盡春魂影。

把鴉鋤，穿蝶徑。脈脈相憐，人與花同命。淚滴香墳殘夢冷。誰更憐儂，薄慧翻成病。

【箋注】

此爲題李佩金所繪《紅樓夢》「黛玉葬花圖」。上片寫暮春景色，風捲繁花，下片寫黛玉之神態情思，如見其人。清代女士題葬花圖之詩詞頗多，若彙集成帙亦爲紅樓一絕也。

① 紉蘭：李佩金字，見前李佩金小傳。

清平樂　納涼柬雪蘭姊

茶香浥浥。花乳盈甌碧①。露卻如煙吹袖濕。天淡星痕欲滴。　胡床滑簟涼生②。睡餘忽聽瓶笙。彷彿一池秋雨，風吹萬柄荷聲。

【箋注】

此詞寫夏秋之際，納涼烹茶，臥胡床上，聽茶沸之聲，逸趣橫生，令人神往。結尾比喻尤妙。

① 花乳：烹茶時水面浮起之泡沫。蘇軾〈和蔣夔寄茶〉詩：「臨風飽食甘寢罷，一甌花乳浮輕圓。」

② 胡床：古代可以折疊之輕便坐具，漢代自胡地傳入，故名。唐代又名繩床。《晉書．庾亮傳》：「諸佐吏乘秋夜往共登南樓。俄而亮至。便據胡床談咏竟坐。」唐．劉禹錫〈途中逢白監〉詩：「借問風前檐月下，不知何客對胡床。」

鬢雲鬆令和紉蘭妹韻

煮新茶，消夜永。風過花梢，露滴鸚哥醒。斜月窺人穿曲徑。一桁湘簾，波漾消魂影。篆煙殘，蓮漏靜。清淺銀河，秋近明如鏡。小擘蘭箋吟未穩。點注霜毫，滿硯流雲冷。

【箋注】

上片寫秋閨的閑情逸致，「風過花梢」二句描繪細膩。「斜月」以下三句寫月映湘簾，微風蕩漾，景色絕妙。下片承上，寫夜深人靜猶「點注霜毫」，推敲佳句。雖有丹青綵筆，亦難畫出女詞人的神情動態。

踏莎行顧眉生桃花小幅①

銀鏡朝霞，瓊壺別淚。搓酥滴粉天然媚。細腰宮裡露華濃②，曲闌斜倚人微醉。照眼波明，吹香雨細。翩翩鳳子尋春至③。如花人去幾多時，紅鈴好認橫波字。

【箋注】

此爲題明末名妓顧媚所繪「桃花仕女圖」。上片暗用楚宮息夫人典故，寫畫中桃花與美人融爲一體。下片言繪圖者亦是「如花」嬌媚的麗人。

①顧眉生：顧媚字眉生，明末名妓。清初嫁龔鼎孳，稱橫波夫人。
②細腰宮裡露華濃二句：暗用春秋時楚國息夫人典故，息夫人又稱桃花夫人。唐・劉長卿〈過桃花夫人廟〉詩：「寂寞應千歲，桃花認一枝。」細腰宮即指楚宮。《韓非子・二柄》：「楚靈王好細腰而國中多餓人。」
③鳳子：大蝴蝶。《古今注》云：「蛺蝶……其大如蝙蝠者，或黑色，或青斑，名爲鳳子。」韓偓詩：「鳳子輕盈膩粉腰。」

金縷曲 送畹蘭歸吳江①

往事思量否。最難忘、踏青期近，弓鞋同繡。鬥草尋花驚蝶夢，小燕呢喃如咒。怎一霎、雨僝風僽②。腸斷臨歧無一語，只啼痕、萬點沾衣透。空彳亍③，把衫袖。　離情脈脈濃于酒。最無情、清秋殘照，兩行疏柳。行矣長途須自愛，莫共黃花爭瘦。算楓落、吳江時候④。煙水歸帆安穩到，寄雙魚、慰我眉間皺⑤。家山約，盼携手。

【箋注】

此闋以回憶嬉春之歡樂開端，從爲「踏青」而繡鞋開始，從而「鬥草」、看花、撲蝶、聞燕，皆昔時閨中少女嬉春特有的歡樂。「怎一霎」以下，轉入離別之愁苦，此爲情感變化之對照。過片寫送別之日，正是「清秋殘照」，楊柳凋疏時節，與前嬉春之景，截然不同，此爲景物變化之對照。下接「行矣長途須自愛」，又轉入寄語別後珍重。「莫共黃花爭瘦」，反用李易安句意，突出了女詞人的特色。更盼寄書信「熨我眉間皺」，造語絕妙，自是警句。最後，於分手之際，再訂家山重攜手之約，依依不捨之情，無以復加矣。全詞無論寫景抒情、遣辭立意，皆充滿少女之嬌柔，此亦爲楊芸詞之特色。昔日詞家多謂女子作詞以無脂粉氣爲上乘，惟讀楊芸詞後，始知女作家應具有女性特色，尤其楊芸，更具有青春少女抒情寫景眞切幽美的情調。

① 吳江：江蘇省縣名。在蘇州之南，太湖東岸。

② 雨僝風僽：僝音ㄔㄢˊ，僽音ㄓㄡˋ，折磨、愁苦。謂風雨折磨令人愁悶。宋・黃庭堅〈宴桃源〉詞：「天氣把人僝僽。」

③ 彳亍：音ㄔˋㄔㄨˋ，小步走，欲行又止貌。

④ 楓落吳江：《新唐書・崔明信傳》言崔詩僅「楓落吳江冷」一句爲警句，其餘皆不佳。陸游詩：「才盡已無楓落句。」

⑤ 雙魚：古樂府：「客從遠方來，遺我雙鯉魚。呼兒烹鯉魚，中有尺素書。」後世因以「雙魚」喻書信。

歸懋儀詞四首

作者小傳

歸懋儀字佩珊，嘉道間江蘇常熟人。李學璜妻，著有《聽雪詞》。王韜《瀛壖雜談》說她「晚年家境艱難，往來江浙為閨塾師。」清代著名詩人龔自珍贈她〈百字令〉詞有注云：「夫人頻年客蘇州，頗抱身世之感。」又云：「夫人適李，有女青蓮之目。」從龔氏評語中，可知她自是嘉道間傑出的女詞人。

風蝶令題美人便面①

畫裡春風面，懷中明月光②。綠陰消受午風涼。料得愁深夢淺不成妝。　窈窕神仙質，聰明玉雪腸。句成應是費商量。待看筆花吹作滿身香。

【箋注】

此題美人扇面，不咏服飾而著重於內心之美，自是別具一格。從結末看來，當知作者為自己寫照也。

①便面：即扇面。《漢書·張敞傳·注》云：「便面所以障面，蓋扇之類也。」

②懷中明月光：《楚辭·九章·涉江》云：「被明月兮佩寶璐。」按：此詞亦指團扇如圓月。

念奴嬌 贈綠春夫人

空山流水，悄無言、領略美人幽意。一片聰明冰雪淨，吹到芳香滿紙。倩月描神，裁雲作稿，喚得靈均起①。風生懷袖，感君珍重緘寄。　遙想雅抱孤貞，清芬難閟。終作騷人佩。眉月初三新有樣，筆蘸春山濃翠。蘭韻偏清②，蕙心是素，永結雙頭蕊。憐卿南郡③，玉臺佳話同紀。

【箋注】

此爲贈岳綠春之作。據日本明治時詩人森槐南云：「綠春岳氏，吳蘭雪姬人，才貌雙絕，書畫兼工，尤善畫蘭。嘉道間題咏頗多……。」於此可知綠春所畫蘭花，遠傳日本，彼邦詩人亦多題咏。（見後附高野竹隱作〈水龍吟〉詞）

①靈均：屈原之字。《楚辭·離騷》云：「名余曰正則兮，字余曰靈均。」

②蘭韻偏清三句：綠春之夫吳嵩梁別號蘭雪，江西東鄉人。嘉慶五年進士，官貴州黔西知府，著有《香蘇山館詞》。此三句，言綠春與夫蘭蕙雙清，如並蒂花開。

③憐卿南郡二句：以後漢馬融爲南郡太守比擬吳嵩梁爲貴州知府，以《玉臺新詠》所咏的美人比擬岳綠春之才

貌雙絕。梁簡文帝爲太子時喜艷體詩，乃令徐陵編《玉臺新詠》，所選皆咏女子之美艷者。

附錄：日本明治詩人高野竹隱作〈水龍吟〉（題女史綠春畫蘭）

瀛風吹下仙姿，多情一派瀟湘水。瑤妃佩後，靈均紉處，倩魂消矣。腸斷崖徽，銀鈎自署，風流小字。問誰修眉譜，誰修蘭譜，檀郎鬢，吳霜墜。　多少楚天閑恨，又悠悠、幾番秋意。算同心者，再生緣也，玉池仙史。供養齋頭，溫存重見，蓮花博士。敢淖污泥中，香薰墨染，有湘煙翠。

百字令 答龔璱人公子即和原韻①

萍蹤巧合，感知音、得見風前瓊樹②。爲語青青江上柳，好把蘭橈留住。奇氣拏雲，清譚滾雪，懷抱空今古。緣深文字，青霞不隔泥土③。　更羨佳偶無雙，名姝絕世，〈原注〉謂吉雲夫人。仙侶劉樊數④。一面三生眞有幸，不枉頻年羈旅。繡幕論心，玉臺問字，料理吾鄉去。海東雲起，十光五色爭睹。〈原注〉時尊甫備兵海上，公子以省覲過吳中。

【箋注】

此詞見於龔自珍《定盦全集·文集補·懷人館詞》，爲〈百字令〉（蘇州晤歸夫人佩珊）一闋之附錄。

上片言她欽佩龔自珍年少才華不凡。下片言及其妻「名姝絕世」，與龔氏夫婦相晤亦三生有幸。下接言她自己頻年客蘇州教閨塾，結末言龔此行爲省視其父，經過吳中。此詞《小檀欒室彙刻閨秀詞》中未收，據《定盦全集》錄寫。

①龔瑟人：清代著名詩人龔自珍字瑟人，號定盦。道光九年進士，官禮部主事。博學多才，詩文皆負盛名，著有《定盦全集》。過蘇見歸懋儀時龔尙年少，歸爲前輩女詞人，故稱其爲「公子」。

②瓊樹：比喻人才俊秀出衆。《世說新語・賞譽》云：「太尉（指王衍）神姿高傲，如瑤林瓊樹，自然是風塵外物。」

③青霞：《宋史・藝文志》有劉甄書《青霞集解》二卷，屬道家。唐・劉長卿詩：「道書堆玉案，仙帔疊青霞。」

④劉樊：劉指劉晨入天台山採藥遇仙女故事，樊指唐人小說裴航在藍橋遇樊雲英故事。（見前吳綃詞〈賀新郎〉注②）詞中比喻龔與吉雲爲神仙眷屬。

附錄：龔自珍原作（見《定盦全集・懷人館詞》）

百字令 蘇州晤歸夫人佩珊，索題其集。

揚帆十日，正天風、吹綠江南萬樹。遙望靈巖山下氣，識有仙才人住。一代詞清，十年心折，閨閣無前古。蘭霏玉映，風神消我塵土。　人生才命相妨，男兒女士，歷歷俱堪數。眼底雲萍纔合處，又道傷心羈旅。〈原注〉夫人頻年客蘇州，頗抱身世之感。南國評花，西洲弔古，東海趨庭去。〈原注〉予小子住段氏枝園，將之海上省侍，故及之。紅裝白也，〈原注〉夫人適李有女青蓮之目。逢人爭說親睹。

摸魚兒　題王四峰文學採菱圖

蕩輕橈、綠楊花軟，蒼茫遠水無際。菱花似雪鋪湖面，掩映嫩紅嬌翠。枝葉脆。喜指爪玲瓏，不怕纖芒刺。含芳孕美。想沁雪詩腸，粲芳妙舌，恰稱此滋味。紅塵裡。多少虛名幻利。蕭閑懷抱能幾。沿堤采采歸來晚，搖蕩滿湖雲氣。柔艣曳。驚宿雁、成行齊向沙汀避。斜陽篷背。正細剝青冰，亂堆軟角，醉喚水仙起。

【箋注】

這闋題畫之詞，開端描寫採菱「輕橈」蕩漾於「楊花」飄墜、「菱花」盛放的湖面上。畫圖原是靜止的，但詞中卻加了動態，使得景物栩栩如眞。更以細緻的寫景烘托「嫩紅嬌翠」之間「指爪玲瓏」、「不怕纖芒刺」的採菱者，由雙手的靈巧，想見少女的俊美伶俐。又從採菱想到食菱，惟有詩人雅士纔能領會放舟食菱的情趣和「滋味」。遂引入下片，用反詰句法：「紅塵裡」人們多爲名利而忙碌，「懷抱蕭閒」來此放舟的能有幾個？下接描寫圖中菱舟晚歸景物，從「斜陽」照在船「篷」上，烘托出「正細剝青冰」的食菱者。他以菱下酒，醉唱《水仙操》，自是個詩人雅士了。詞到歇拍，全圖的景物和人物都已展現在讀者眼前，作者更以詞的藝術語言使得讀詞者恍如身臨其境：彷彿看到採菱少女沿堤採擷，聽到食菱詩人篷底醉吟。這樣的題畫詞，自是神來之筆。

顧翎詞三首

作者小傳

顧翎字羽素，嘉道間江蘇無錫人。楊敏勳妻，她的父親顧敏恆、兄弟顧翰皆爲名士。她自幼「習爲詩，兼工長短句。性愛梅，題所居曰『綠梅影樓』。作塡詞圖，一時名公才媛，應題甚夥。」（見《小檀欒室彙刻閨秀詞》）

浣溪沙 憶琴清閣主

新綠飄煙約畫叉。一絲涼雨冷苕華。淺蕪幽暗隔窗紗。　湘夢驚拋蘭信遠，絮痕影掛柳風斜。雙魚依舊渺天涯①。

【箋注】

此詞爲懷念她的好友女詞人楊芸所作。琴清閣主爲楊芸別號。

① 雙魚：見前顧貞立詞〈水調歌頭〉注⑨。

齊天樂 殘梅

寒風飄落林梢月，歸來鶴聲淒苦。短閣埋香，破籬碎玉，不是牽蘿眉嫵。酒醒何處，對酒磵煙新，蒼崖雪古。瘦竹携將、江城吹入斷腸譜。　當時醉眠初倦，記膽瓶折取，簪上釵股。暖翠酣魂，癡雲抱夢，愁聽畫閣鸚鵡。春痕誰主。悵苔老孤岑，蘋荒遠浦。拂袖重尋，一衿涼似雨。

【箋注】

上片寫寒風滿林，片片如碎玉，江城笛吹，「梅花落」矣。此爲郊野「殘梅」景色。過片寫醉眠後，折梅簪髮，此爲室內殘梅景色。以下轉寫「拂袖重尋」，則梅落如雨，是殘梅已盡矣。

金縷曲 題黃仲則先生①詞稿後，即和集中原韻。

展卷吟懷放。嘆斯人、文章歌哭，古今同望。豈止才華傾八斗②，應是閑愁無量。休更似、落梅淒悵。鶴背風高仙骨冷③，勝人間、塵土詩魂葬。星欲墜④，月痕蕩。　玉笙寒徹瓊筵上⑤。記當時、金徽按拍，狂吟清況。是否娜嬛曾有約⑥，歸去琳宮無恙⑦。聽砧度、良宵深巷。靜掩鮫紋秋夢瘦，冷西風、雪涴茱萸帳⑧。誰擊碎⑨，珊瑚響。

【箋注】

此詞爲題乾隆時著名詩人黃景仁詞稿並和黃原作韻。全詞皆慨嘆黃景仁高才不遇，貧病早卒。（黃景仁原作四首選一附後）

①黃仲則：黃景仁字仲則，常州人，乾隆時著名詩人。一生潦倒，屢試不得一第，旅食四方，卒年僅三十五歲。著《兩當軒集》，有詞三卷，名《竹眠詞》。

②八斗：《南史·謝靈運傳》云：「靈運曰：『天下才共一石，曹子建（曹植字）獨得八斗，我得一斗，自古及今共分一斗。』」

③鶴背風高仙骨冷：黃景仁詞句。（見《竹眠詞·金縷曲》）

④星欲墜二句：黃仲則名作〈癸巳除夕偶成〉詩云：「千家笑語漏遲遲。憂患潛從物外知。悄立市橋人不識，一星如月立多時。」

⑤玉笙寒徹瓊筵上三句：黃仲則二十四歲時賦詩〈笥河先生偕宴太白樓醉中作歌〉，是他最負盛名之作。洪亮吉〈黃仲則行狀〉中云：「歲辛卯，大興朱先生筠（即笥河）奉命督安徽學政……越歲三月上巳爲會於采石之太白樓，賦詩者十數人，君（指黃仲則）年最少，著白袷，立日影中，頃刻數百言。徧視坐客，坐客咸輟筆。時八府士子以詞賦就試當塗，聞學使者高會，畢集樓下，至是咸從奚童乞白袷少年詩，競寫。一日紙貴焉。」

⑥嫏嬛：《嫏嬛記》云：晉張華遇一人引至山中，大石中開，別有洞天。各室陳列奇書秘笈，皆世所未聞見者。問其地，曰：「嫏嬛福地也。」華甫出，門自閉。

⑦ 琳宮：仙人所居之處。（見《初學記》）

⑧ 茱萸帳：古代錦緞有名「茱萸」者，以此所製之帷帳稱爲茱萸帳。唐・李商隱詩：「妙選茱萸帳，平居翡翠樓。」

⑨ 誰擊碎二句：唐・白居易〈五絃彈〉：「鐵擊珊瑚一兩曲，冰瀉玉盤千萬聲。」宋・蘇軾詩：「鏗然敲折青珊瑚。」此處言黃詞聲調鏗鏘，不同凡響。

附錄：黃仲則原作選一首（見《兩當軒集》）

金縷曲 次韻贈劍潭

數語容疏放。算神交、大江南北，十年相望。試問一江東去水，誰似此情難量。怎相見、轉成惆悵。半世顛狂誰念我，覓酒壚、酣醉陶家葬。西園梗，同飄蕩。直須置爾青霞上。耐些時、衝寒閣雪，梅花情況。結習未除猶綺語，便得瘦腰何恙。勤剝啄、綠陰門巷。一片竹西歌吹裡，伴枯桐、守住維摩帳。君試撫，衆山響。

沈善寶詞 四首

作者小傳

沈善寶字湘佩，嘉道間浙江杭州人。武淩雲妻，著有《鴻雪樓詩詞》、《名媛詩話》。她工詩詞，兼擅書畫。其父沈學琳遊宦江西，卒於任上，時沈善寶尚待字閨中，即鬻書畫供養母弟。其後于歸武氏，仍教授女弟子，有百餘人從其受業。其詞瀟洒豪宕，筆調爽朗。尤其是在鴉片戰爭中所作〈滿江紅〉（渡揚子江感賦）及與張綰英合作〈念奴嬌〉，皆爲號召中華兒女，敵愾同仇，抗擊英國侵略之詞。不僅歷代女詞人中無此愛國抗敵之作，清代男詞家在鴉片戰爭中亦罕見如此慷慨激昂之詞，自是清詞史上絢爛的一頁。

滿江紅 渡揚子江感賦

滾滾銀濤，瀉不盡、心頭熱血。想當年、山頭擂鼓①，是何事業。肘後難懸蘇季印②，囊中賸有文通筆③。歎古來、巾幗幾英雄④，愁難說。　望北固⑤，秋煙碧。指浮玉⑥，秋陽赤。把篷窗倚遍，唾壺擊缺⑦。游子征衫攙淚雨，高堂短髮飛霜雪。問蒼蒼、生我欲何爲，空磨折。

【箋注】

此詞題爲「渡揚子江感賦」，即指鴉片戰爭期間，道光廿二年（西元一八四二年）六月，英艦三十二艘駛入長江口之際。其時林則徐已遣戍新疆，清廷與英議和，訂南京條約。上片起句即言揚子江波濤滾滾，與她心頭熱血同樣奔騰。更從宋代梁紅玉擂鼓助戰說起，自古以來巾幗雖有英雄人物，但終難參政、參戰；亦慨嘆她自己身爲女子，縱有雄心壯志而無用武之地。過片四句寫大江中景物，寓情於景，大好江山爲敵艦侵入，無限憤恨。「唾壺擊缺」，有淚如雨，祇得問天，爲何生我？她的詞愛國抗敵，熱情洋溢，自是抱負不凡的女中英傑。

① 山頭擂鼓：指宋代抗金兵女英雄梁紅玉，參閱張綸英詞〈念奴嬌〉注⑩。

② 蘇季印：蘇秦字季子，戰國時人，游說燕、趙、韓、魏、齊、楚六國合縱抗秦，佩六國相印，爲縱約之長。（見《史記・蘇秦列傳》）

③ 文通筆：江淹字文通，少以文章著名。所作〈別賦〉、〈恨賦〉千古名作。《南史・江淹傳》：「嘗宿冶亭，夢一丈夫自稱郭璞，謂曰：『吾有筆在卿處多年，可以見還。』淹乃探懷中，得五色筆一以報之。爾後爲詩絕無美句，時人謂之才盡。」

④ 巾幗英雄：巾幗，婦女頭飾。即以稱女英雄。

⑤ 北固：北固山在鎭江城北一里，下臨長江，三面濱水，迴嶺陡絕，勢最險固。晉代蔡謨起樓其上，以貯軍實，

謝安復營葺之。即所謂北固樓，又名北固亭。（見《讀史方輿紀要》）

⑥ 浮玉：鎮江之金山原名，因頭陀開山得金，故名金山。

⑦ 唾壺擊缺：《晉書．王敦傳》謂其酒後輒詠魏武帝樂府，以如意擊唾壺爲節，「壺口盡缺」。

鳳凰臺上憶吹簫 寄蘭仙妹

流水行藏，浮雲蹤跡，茫茫碧海青天。嘆光陰易逝，歲月難延。底事離愁別緒，抛不去，心上眉邊。愁都艷，芙蓉秋雨，芍藥春煙。　堪憐。彩毫揮脫，徒縈得蠶絲，萬縷纏綿。縱詩成白雪①，舌長青蓮②。究與生平何補，誠不若、桃李無言③。空惆悵，瑤臺十二，弱水三千。

【箋注】

此詞主旨，乃作者自嘆女子縱有絕代才華，「究與生平何補？」可知其內心苦悶極矣！

① 詩成白雪：《昭明文選．宋玉對楚王問》：「客有歌於郢中者，其始曰下里巴人，國中屬而和之者數千人……其爲陽春白雪，國中屬和者，不過數十人。……」

② 舌長青蓮：《法華經》云：「有人聞是品，能隨喜讚善者，是人口中常出青蓮香。」又《六朝事蹟》云長與年中，陸地生青蓮兩朵。掘得一瓦棺，開見一僧，花從舌根頂顱生出。父老曰：「昔一僧平生誦《法華經》萬餘部，死葬此地」。所司具奏，建瓦棺寺，又名昇元寺。按：此詞結合以上兩典故，比喻多讀書善吟詠者。

③ 桃李無言：《史記．李將軍傳贊》：「諺曰：桃李不言，下自成蹊。」

滿江紅　題吳蘋香夫人《花簾詞稿》①

續史才華②，掃除盡、脂香粉膩。記當日、一編目睹，四年心識。殘月曉風何足道，碧雲紅藕渾難比。問神仙③、底事謫塵寰，聊遊戲。　寫不盡，離騷意。銷不盡，英雄氣。儘綠箋恨託，紅牙興寄④。浣露迴環吟未了，瓣香私淑情難置⑤。儻金鍼、許度碧紗前⑥，當修贄⑦。

其二

流水高山⑧，念今昔、幾人同調。況又是、金閨博士⑨，玉臺仙藻⑩。幼婦從來工織錦⑪，美人自古傳香草⑫。倚新聲、玉笛譜霓裳，知音杳。　花影畔，予懷渺。簾影外，東風悄。憶梅窗韻冷，梨雲夢繞。翠袖紅羅人隱約，暗香疏影同飄緲⑬。謹題成、尺素寄蓬萊⑭，煩青鳥⑮。〈原注〉丁亥冬日，曾以步珊姊所繪紅綠梅圖索題，承塡小令，情致纏綿。

【箋注】

此詞爲題吳藻詞集而作。吳在當時女詞人中堪稱魁首，但作者與之旗鼓相當，飛聲振采，各臻其妙。

① 吳蘋香《花簾詞稿》：見前吳藻小傳。

②續史才華：指漢代女史學家班昭。《後漢書・曹世叔妻傳》：「扶風曹世叔妻者，同郡班彪之女也。名昭，字惠姬，一名姬。博學高才，世叔早卒，有節行法度。兄固著《漢書》，其八表及天文志未竟而卒，和帝詔昭就東觀藏書閣踵而成之。」

③問神仙二句：《太平廣記》云：「漢武帝時七月七日，王母至……指東方朔曰：『此子昔爲太上仙官，但務遊戲，太上謫斥使在人間。』」

④紅牙：奏樂時所用拍板。象牙所製，塗以紅色。

⑤瓣香句：瓣香，原爲佛教語，即焚香頂禮，以示尊敬之意，詩文中用以表示師承某人。宋・陳師道詩：「向來一瓣香，敬爲曾南豐。」私淑，《孟子・離婁》：「予未得爲孔子徒也，予私淑諸人也。」注云：「淑、善也。我私善之於賢人耳。蓋恨其不得學于大聖也。」按：後世以未能親受教誨而仰慕、師承其人者爲私淑弟子。

⑥金鍼許度：《桂苑叢談》謂鄭采娘七夕乞巧，夢織女「遺一金鍼，長寸許，綴於紙上，置裙帶中。令『三日不語，汝當奇巧。』」後世遂以刺繡比喻教人學詩。《宋史・藝文志》有白居易著《白氏金鍼詩格》三卷。金・元好問詩：「鴛鴦繡了從教看，莫把金鍼錯度人。」

⑦修贄：舉行拜師之禮儀。

⑧流水高山：見前吳綃詞〈河滿子〉注①。

⑨金閨博士：漢代宮廷有「金馬門」，又名「金閨」。「待詔金馬門」是漢代給予博學高才文人的優異待遇。

《昭明文選・揚雄解嘲》：「今吾子幸得應金門，上玉堂有日矣。」注云：「待詔金馬門。」唐・白居易詩：「平生同門友，通籍在金閨。」又女子閨閣之美稱亦曰「金閨」。按：作者以此讚美吳藻之才華絕代，兼具以上兩意。

⑩ 玉臺仙藻：既讚美吳藻爲玉鏡臺前之仙才，又以《玉臺新詠》比喻其詞。亦如注⑨，具有雙重意義。

⑪ 幼婦從來工織錦：織錦即迴文，見前熊璉詞〈江南好〉注②。

⑫ 美人自古傳香草：王逸《楚辭・離騷經章句》云：「離騷之文，依詩取興，引類譬喻。故善鳥香草，以配忠貞。惡禽臭物，以比讒佞。靈脩美人，以媲於君。」後世遂稱〈離騷〉爲香草美人之辭。

⑬ 暗香疏影：宋・姜夔咏梅自度曲名〈暗香〉、〈疏影〉。

⑭ 尺素：指書信。《玉臺新詠・飲馬長城窟》樂府詩：「客從遠方來，遺我雙鯉魚。呼兒烹鯉魚，中有尺素書。」

⑮ 青鳥：《漢武故事》：「七月七日，上於承華殿齋。日正中，忽見青鳥從西來。上問東方朔，朔對曰：『西王母暮必降尊像。』」唐・李商隱詩：「蓬山此去無多路，青鳥殷勤爲探看。」按：詩詞中多以喻「使者」。

張縉英詞 二首

作者小傳

張縉英字孟緹，嘉道間江蘇武進人。著名詞學家張琦長女，吳廷鉁妻，著有《淡菊軒詞》。她姊妹四人皆工詞。生逢鴉片戰爭，外侮入侵之際，身在閨中而能關心國家興亡。其〈念奴嬌〉二闋皆爲反映當時朝廷昏庸，忠義之士死難殉國之情形。滿腔悲憤，無限感慨，是女詞中罕見之佳作。但她的「詞筆秀逸」，悱惻有餘而激昂不足，正如她自己所說，不及沈善寶之詞蒼涼豪宕。她與沈氏合塡一闋〈念奴嬌〉，是清代閨秀詞之瑰寶奇珍，永遠閃耀奪目的光采。

念奴嬌 感事

秋光正好，甚浮雲翳日，纔晴還雨。做弄秋容狼藉甚，宋玉悲秋正苦①。聒耳商飆②，塡膺憂憤，咄咄終何補。流波欲挽，何堪更惜遲暮。　極目衰草繁霜，荒煙獨樹，搖落渾無主。啼煞鷓鴣行不得③，一片精誠難訴。伍相潮飛④，汨羅江濶⑤，只共寃禽語。沈埋諫草⑥，誰教飲恨千古。

【箋注】

此詞題爲「感事」，其本事爲道光時鴉片戰爭。由於朝廷投降議和，林則徐被遣戍新疆，軍機大臣王鼎保舉林治理黃河，免除遣戍，道光帝不准，王鼎懷奏摺「屍諫」自殺，作者感事而作。上片寫秋天肅殺之景，「浮雲翳日」、「商飆聒耳」皆雙關語，寫秋日風雲，亦喻朝政昏暗。下接「塡膺憂憤，咄咄終何補」，言當時忠義之士，報國蒙冤，狂瀾難挽，作者傷時憂國，深爲痛苦。下片亦爲寓情於景。「啼煞鶗鴂行不得」喻王鼎上疏保舉林則徐治理黃河，謂充軍新疆「行不得」。「一片精誠」至結末，皆言王鼎「屍諫」，飲恨千古。沈善寶《名媛詩話》評此詞云：「孟緹弱不勝衣，而議論今古之事，持義凜然，頗有烈士之風。」自是恰切的評語。

①宋玉悲秋：《楚辭·宋玉·九辯》：「悲哉秋之爲氣也！蕭瑟兮草木搖落而變衰。」

②商飆：秋風。

③鶗鴂：鳴叫聲如「行不得也哥哥」。

④伍相潮飛：《吳越春秋》云：「伍子胥伏劍死，吳王棄其軀，投之江中。子胥之魂魄依潮來往，蕩激崩岸。」

⑤汨羅江：在湖南省境，戰國時楚大夫屈原投此江而死。

⑥沈埋諫草：諫草，即諫書。昔時對帝王直言規勸謂之「諫」。唐·杜甫詩：「避人焚諫草」。按：「沈埋諫草」，指王鼎「屍諫」以保舉林則徐事。道光十九年（西元一八三九）林則徐任欽差大臣，截獲英國人運來鴉片二萬餘箱，在虎門銷燬。七月英艦犯九龍，予以反擊。英人六次進攻皆敗退，燒燬英艦十六艘，關天培

殉國。八月英軍開到大沽口，道光帝倒向投降派，遂下令林則徐遣戍新疆。行至途中，軍機大臣王鼎保舉林治河，林折回治河六個月。王鼎又奏請免戍，帝不許，王鼎含憤懷奏摺自殺。他的「諫草沈埋」，林則徐仍充軍至伊犁去了。

念奴嬌

良辰易誤，儘風風雨雨，送將春去。蘭蕙忍教摧折盡，賸有漫空飛絮。寒雁驚弦①，蜀鵑啼血②，總是傷心處。已悲衰謝，那堪更聽鼙鼓③。（張緗英作）聞說照海妖氛④，沿江毒霧，戰艦橫瓜步⑤。鋼砲鐵輪雖猛捷，豈少水犀強弩⑥。壯士衝冠⑦，書生投筆⑧，談笑擒夷虜⑨。妙高臺畔⑩，蛾眉曾佐神武。（沈善寶作）

【箋注】

此詞爲張緗英與沈善寶二人合塡，上片張作，下片沈作。沈善寶《名媛詩話》云：「壬寅荷花生日，余過澹菊軒，時孟緹初病起。因論夷務未平，養癰成患，相對扼腕。出其近作〈念奴嬌〉半闋，云其後半未成，屬余足之。余即續成。孟緹笑曰：『卿詞雄壯，不減坡仙。余前半章太弱，恐不相稱。』余覺雖出兩手，氣頗貫串。惟孟緹細膩之致，予鹵莽之狀，相形之下，令人一望而知爲合作也。」按：道光廿二年壬寅（西元一八四二年）爲鴉片戰爭最後一年。六月，英艦卅三艘駛入長江口，迫近吳淞砲臺。兩江總督牛鑒派人向英國求和，提督陳化成堅決抗擊，軍民奮戰。由於牛鑒的破壞，陳化成犧牲，致使英艦西犯鎮江、南京。秋八月，清廷與英國妥協求和，簽定「南京條約」，鴉片戰爭宣告結束。張縚英、沈善寶合作此詞於是年陰曆六月六日（荷花生日），正當長江口一帶軍民抗戰激烈之時。張縚英填上片，情調雖低沈，但亦反映由於當政者妥協投降，忠臣義士皆受殘害，因而敵人步步進逼的實際情況。沈善寶塡下片，激昂慷慨，正義凜然，怒斥英侵略者之罪行，鼓勵中華兒女奮勇抗戰。這是歷代女士詞中空前未有的愛國傑作。

①寒雁驚弦：《戰國策・楚策》說有雁飛來，有人發虛弓（無箭之弓）而射落。王問何故？對曰：「其飛徐而鳴悲。飛徐者，故瘡痛也，鳴悲者，久失群也；故瘡未息而驚心未止也。聞弦聲引而高飛，故瘡隕也。」後世遂以喻受驚後易於疑懼者，謂之「驚弓之鳥」。

②蜀鵑啼血：古代蜀有王曰杜宇，號望帝。宇死，其魂化爲鳥，名曰杜鵑。

③鼙鼓：軍鼓。古代戰爭進軍時擊鼓，唐・白居易〈長恨歌〉有句：「漁陽鼙鼓動地來。」

④聞說照海妖氛二句：妖氛、毒霧，皆指英國侵略者自沿海運販鴉片，毒害中國人民，挑起戰爭。

⑤瓜步：在江蘇六合東南，南京對岸，自古以來皆爲軍事要地。此指英艦進犯南京一帶。

⑥水犀強弩：《國語・越語》：「夫差有兵衣水犀之甲億有三千。」《北夢瑣言》說吳越王錢鏐築堤在疊雪樓，命水犀軍駕強弩五百以射潮，迫使潮頭起向西陵，遂奠基而成塘。宋・蘇軾〈八月十五看潮〉詩：「安得夫差水犀手，三千強弩射潮低。」

⑦ 壯士衝冠：《史記・藺相如傳》：「相如因持璧卻立倚柱，怒髮上衝冠。」

⑧ 書生投筆：《後漢書・班超傳》：「家貧，常爲官傭書以供養，久勞苦，嘗輟業投筆嘆曰：『大丈夫無他志略，猶當效傅介子、張騫立功異域，以取封侯，安能久事筆硯間乎？』」後世遂以棄文從軍爲「投筆從戎」。

⑨ 談笑擒夷虜：宋・蘇軾〈念奴嬌〉（赤壁懷古）：「談笑處、強虜灰飛煙滅。」（按：強虜一作檣櫓。）

⑩ 妙高臺畔兩句：妙高臺在鎮江金山最高處。詞中是用宋代韓世忠在黃天蕩之役阻擊金兵，其妻梁紅玉於妙高臺擊鼓助戰的故事。按：作者號召國人敵愾同仇，婦女亦須投入抗英侵略戰爭中去。在封建時代，女性能有如此堅強激烈的思想，自是詞苑英豪，古代女作家中，誰與倫比？

顧春詞四首

作者小傳

顧春字子春，又字太清，道光間蘇州人。皇室貝勒奕繪之側室。清代制度皇室姬妾必須是滿洲人，所以顧亦改爲滿族名字，叫做太清西林春，有詞集《東海漁歌》。近人况周頤云：「曩昔某詞話謂：『鐵嶺詞人顧太清與納蘭容若齊名』，竊疑稱美之或過。今以兩家詞互校，欲求妍秀韶令，自是容若擅長，若以格調論，似乎容若不逮太清詞。太清詞其佳處在氣格，不在字句。當於全體大段求之。……此等詞無人能知，無人能愛。夫以絕代佳人而能塡無人能愛之詞，是亦奇矣！」况周頤的評論頗恰當。但是，爲什麼許多鬚眉詞流都對顧氏詞推崇備至呢？這是由於她的婚姻經過引人注目。據施蟄存先生〈太清手書詞稿〉一文中引文廷式〈琴風餘譚〉云，顧太清是「尙書顧八代之曾孫女，初適副貢生某，爲鄂文端後人，夫死後復爲貝勒奕繪側室。」在封建時代，一個副貢生的遺孀能夠再嫁成爲貝勒的側福晉，是經過一番波折的，何況嫁後還得到奕繪的寵愛。顧春詞集名《東海漁歌》，與其夫詞集《西山樵唱》成爲對偶，也就因爲如此，顧春自鳴得意，有的詞未免庸俗。就拿所謂海內孤本《東海漁歌》第二卷開頭一闋來看：

儂。淡掃花枝待好風。瑤臺種，不做可憐紅。（〈十六字令・墨牡丹〉）

這首咏墨牡丹詞，不正是以花爲喻，誇耀自己嫁給皇室貝勒，登上「瑤臺」，不做可憐的普通女子嗎？正因爲如此，那些文人雅士皆爲她的風流韻事作了一些詩詞、筆記，起了一定的宣傳作用。當然，顧春的詞在清代女詞人中自應有她的地位。祇是，與她同時代的女詞人李佩金、吳藻、趙我佩、沈善寶諸家相比較，在選材、立意、聲韻、辭采各方面俱有遜色，難與媲美了。

惜分釵 看童子抖空中①

春將至。晴天氣。消閒坐看兒童戲。借天風。鼓其中。結綵爲繩，截竹爲筒。空。空。

人間世。觀愚智。大都製器存深意。理無窮。事無終。實則能鳴，虛則能容。冲。冲。

【箋注】

此調定格上、下片首三句同叶一仄韻，第四句開始皆叶同一平韻，上、下片結末疊字叶韻。此首詞先寫空竹之形狀及遊戲方法，下片從玩具中說哲理，獨具匠心。兩結疊字叶韻，既突出玩具特色，又像空竹之聲音。選調、用韻俱妙。

① 空中：又寫作「空鐘」，即「空竹」之別稱。原爲兒童玩具，昔日北京春節時皆做此遊戲，後發展爲雜技之一種。空竹是竹木片製成，扁圓形，中空，四周有孔，單面者似葫蘆，雙面者，兩頭爲扁圓形，中間細，用

二小杆繫一繩，將空竹置繩上，雙手持杆抖動，即發出「嗡嗡」聲，所以兒童又叫它「嗡子」。清代筆記《朝市叢載》云：「抖空竹，每逢廟集，以繩抖響，拋起數丈之高，仍以繩承接，演習各種身段……」按：今雜技演此，謂之「扯鈴」。

被花惱　題王石谷畫友梅軒圖①

疏枝老幹自斜橫，開滿冷花冰蕊。竹裡柴門對流水。夜深人靜，夢回酒醒，半隱烏皮几②。明月下，小窗前，亂飛瓊雪寒煙裡。　瀟灑足平生，不作勞勞羈宦子。梅花結伴，修竹蒼松，樂事無過此。任三春，桃李鬥芳菲，怕風動嬌紅盡吹起。畫圖上，一片清香生素紙。

【箋注】

上片寫友梅軒外「疏枝老幹」梅花盛開，下接室內人物「夢回酒醒」隱几而坐，明月窗前，更爲幽雅。下片寫王石谷生平不求官職，只樂於繪畫的清高品格。

① 王石谷：名翬，號耕煙，晚稱清暉老人。清康熙時名畫家，不求官職，以布衣供奉內廷。

② 半隱烏皮几：《莊子．齊物論》：「南郭子綦隱几而坐。」隱，憑倚也。唐．杜甫詩：「拂拭烏皮几，喜聞漁樵音。」

醉翁操題雲林湖月沁琴圖①

悠然。長天。澄淵。渺湖煙。無邊。清輝燦兮嬋娟。有美人兮飛仙。悄無言。攘袖促鳴弦。照垂楊素蟾影偏。　羨君志在②，流水高山。問君此際，心共山閑水閑。雲自行而天寬。月自明而露溥。新聲和且圓。輕徽徐徐彈。法曲散人間。月明風靜秋夜寒。

【箋注】

此調爲宋蘇軾爲其師歐陽修所譜琴曲，歐陽號醉翁，故此調名〈醉翁操〉。作者選此調咏月下美人彈琴圖，如見其人，如聞其聲。使讀者如置身於畫圖中，是顧氏佳作。

① 雲林：倪瓚，字元鎮，別號雲林，元末名畫家。

② 羨君二句：《列子．湯問》：「伯牙鼓琴，志在登高山，鍾子期曰：『善哉！峨峨兮若泰山。』志在流水，鍾子期曰：『洋洋兮若江河。』」見前吳綃詞〈河滿子〉注①。

霜葉飛和周邦彥片玉詞

萋萋芳草疏林外，月華初上林表。斷橋流水暮煙昏，正夜涼人悄。有沙際、寒蛩自繞。星星三五流螢小。見白露橫空，那更對、孤燈如豆，清影相照。　昨夜夢裡分明，尊前遠隨征雁，迢遞千里難到。西風吹過幾重山，悵故人懷抱。想籬落、黃花開了。誰唱凄涼調。應念我、凝情處，聽雨聽風，恨添多少。

【箋注】

此詞上片寫秋天的傍晚暮煙漸起，直到夜深獨對孤燈，寓情於景。雖題爲和周邦彥之作，但寫景筆法明朗幽雅，不尚雕琢。下片思念遠人，夢中亦是關山迢遞「千里難到」。「想籬落」以下，摹仿柳永〈八聲甘州〉寫法，設想對方此時把酒東籬，「應念我」的情景。前文提及況周頤曾云太清之詞「佳處在氣格，不在字句，當於全體大段求之」，從〈醉翁操〉和這闋〈霜葉飛〉看來，極爲恰切。名家之評自是不同於一般詞話。

沈蕊詞 一首

作者小傳

沈蕊字芷薌，道光時浙江嘉興人。勞介甫妻，擅長咏物詞。

一枝春 淡巴菰①

海島移來，倩并刀、鏤就千絲金碎。筠筒石火②，儘是閒中生計。吹蘭吐麝，更消盡、薄寒殘醉。多只恐、萬縷成灰，賸有斷魂心字③。

氤氲繡屏香細。罥窗紗裊裊，未輸沈水④。瑤階竚立，散作半簾花氣。薰爐夜暖，倚珊枕、幾回曾記。偏喜得、頻遞春纖⑤，小鬟解事。

【箋注】

此詞寫清代婦女以竹製「旱煙袋」吸煙之生活情趣。上片言煙草之來歷及製成煙絲，放於竹管頂端之小銅斗中吸煙情景。下片言香煙縷縷，猶如沈水薰香、鮮花郁馥。爐邊枕畔更宜吸煙，「小鬟解事」，頻頻遞送煙袋，充分表現她的吹氣如蘭，閨中吸煙之樂。

①淡巴菰：TOBACCO，西班牙語譯音，即煙草，今日製捲煙原料。原產於西印度群島，明代傳入中國，始在福建一帶種植。清代中葉時，將煙草製成煙絲，用細竹做管，頂端裝小銅斗，謂之「旱煙袋」。當時婦女使用竹煙管以細而長者爲佳，長度約三、四尺。放煙絲於小銅斗中，必須家人或侍者在旁爲之裝煙絲及點火，方能吸煙（以煙竹管甚長，自己不能點燃）。此詞結末，即寫侍者爲之點燃煙絲，吸「旱煙袋」的姿態。

②筠筒石火：指竹煙管及打火石。

③心字：宋．楊萬里詩：「遂以心字龍涎香，爲君興雲繞明窗。」

④沈水：沈水香爲一種名貴香料，即沈香樹脂，凝結成塊，入水下沈者爲上品。

⑤春纖：指女子的手指。葱葉爲管狀，春季尤爲纖嫩。詩詞中以比喻纖嫩手指。宋．張孝祥〈滿江紅〉詞：「倩春纖、縷膾搗香齏。」

談印梅詞 二首

作者小傳

談印梅字緗卿，道光時浙江歸安人。孫亭崑妻，著有《九嶷仙館詩詞稿》。她與姊印蓮同學詩於孫秋士，秋士奇其才，教之徧讀古人詩，資其探討。……故其詩清新宛轉，饒有氣骨。（見吳藻〈九嶷仙館詩序〉）她的詞也和詩的風格相同，氣骨清剛，語句爽朗，是清代女詞人中罕見的格調。

貂裘換酒 與女兄夜話①

秋掩重門裡。坐西窗、聯床剪燭②，良宵能幾。去日匆匆蒼狗幻③，嘗盡離愁滋味。恨四壁、埋憂無地④。驀念光威分手日，到那時、憶著歸寧未⑤。人一別，便千里。

名山著述成何計⑥。嘆年來、東塗西抹，半供遊戲。女伴過從元不少，眼底紛紛羅綺。算誰是、閨中知己。我有吟情拋未得，更憐卿、骨相都寒矣⑦。一燈炧，浩歌起。

【箋注】

此詞是作者與姊同時歸寧，夜話之作。上片起三句言出閣之後天各一方，今日「聯床剪燭」，但又能相聚幾個「良宵」呢？以下皆言姊妹嫁後，「人一別，便千里」，終要分手，各返夫家。下片言姊妹皆工詩詞。昔時女伴嫁後，皆「紛紛羅綺」，不再從事翰墨，惟有作者是「我有吟情拋未得」。由「更憐卿」二句看來，似其姊夫家貧寒，亦無心吟咏矣。閨中姊妹對語，竟是脱盡脂粉氣的慷慨悲歌，自是女作家中罕見佳作。

①女兄：即作者之姊印蓮。

②聯床剪燭：聯床即連床。宋．朱熹詩：「勝游朝挽袂，妙語夜連床。」剪燭，唐．李商隱詩：「何當共剪西窗燭，卻話巴山夜雨時。」

③蒼狗：唐．杜甫詩：「天上浮雲如白衣，斯須改變如蒼狗。」按：比喻世事變幻迅速。

④四壁埋憂無地：《史記．司馬相如傳》：「家居徒四壁立」。索隱云：「徒，空也。家空無資儲，但有四壁而已。」埋憂：《後漢書．仲長統傳》述志詩：「寄愁天上，埋憂地下。」

⑤歸寧：《詩經．周南．葛覃》：「歸寧父母」。《左傳》莊公二十七年：「杞伯姬來，歸寧也。」女兒嫁後回父母家中問候康寧，後世謂「回娘家」。

⑥名山著述：《史記．太史公自序》：「厥協六經異傳，整齊百家雜語。藏之名山，副在京師，俟後世聖人君子。」索隱云：「言正本藏之名山……」按：後世遂稱從事著述爲「名山事業」。

⑦骨相：《隋書．趙綽傳》：上每謂綽曰：「朕于卿無所愛惜，但卿骨相不當貴耳。」宋．陸游詩：「骨相元知薄，功名敢自期。」

陂塘柳 送秋士師重赴都門

最無情、天上兩轂①，驅人千里萬里。文人處處文星照②，四海皆成兄弟。行未已。算北去南來，總是消魂地。征鞍且繫。看瘦損腰圍，凋殘鬢影，憔悴已如此。

垂髫日③，憐我煢煢無倚④。叨公十載青睞⑤。同貧未了還同病，如此師生能幾。思仔細。若負了公恩，有似江心水⑥。一聲去矣。覺絳帳何情⑦，吟壇何主，留住也無計。

【箋注】

此闋爲作者送其業師孫秋士赴京師之作。起三句言歲月無情，她從師受業十載，其師終於赴京謀出路去了。下接即言文星高照，希望其師能有所成就。「征鞍且繫」以下，言其師形神交悴，想爲屢試不第者。下片言作者自幼從師讀書，長達十年之久，同爲貧病之人，「如此師生能幾」？昔時女子讀書大多由家中父兄教導，像談印梅這樣受到老師十載培育者，確是很少。作者對於老師感激之情，自是永銘難忘。

① 天上兩轂：指日月。宋·蘇軾詩：「日月雙轉轂。」

② 文星：文昌星，又名文曲星。科舉時代奉爲主宰文運之星宿。

③ 垂髫：古代兒童不束髮，髮皆下垂，後遂以此爲兒童代稱。

④ 煢煢：孤零貌。《昭明文選·李密陳情表》：「煢煢獨立，形影相弔。」

⑤青睞：即是青眼相看，重視之意。

⑥江心水：《晉書·祖逖傳》謂逖渡江，中流擊楫而誓曰：「祖逖不能清中原而復濟者，有如大江。」

⑦絳帳：《後漢書·馬融傳》云：「常坐高堂，施絳紗帳，前授生徒，……」按：後世以「絳帳」爲授徒設講座之代稱。

袁綬詞二首

作者小傳

袁綬字紫卿，道光間浙江杭州人。清代大詩家袁枚孫女，袁通之女，吳國俊妻，著有《簪芸閣詩詞稿》。她與袁嘉爲從姊妹，二人俱工詩詞，咏物之作尤爲精湛。惟嫁後遭遇不同，風格亦相異。她所作咏物詞緣情體物，刻畫微妙，自是上乘佳作。

齊天樂 竹夫人①

靈根自是瀟湘種②，生來便矜風質。瘦玉玲瓏，淡雲孤冷，依倚底因人熱。橫陳七尺③。恁一段秋心，未秋先活。午夢初回，桃笙如水嫩涼逼④。

廉纖疏雨乍歇。正微酲倚偏，嬌惰無力。靜掩金鋪⑤，低垂銀蒜⑥，又是黃昏時節。中宵轉側。愛寵妒全消，自然傾國⑦。碧擁紗櫥⑧，有花香沁骨。

【箋注】

上片起二句即說明「竹夫人」是竹製品，而更從「湘妃」竹言其稱「夫人」的來源。這也是首句籠罩全詞的寫法。下接言其形「瘦」如「玉」、「冷」似孤「雲」，依倚著「橫陳七尺」的「竹夫人」，午睡初回，枕席生涼。此爲從「竹夫人」形狀、用途來描寫。下片承上，先寫午後陣雨驅暑熱，閨人初醒的神態、景物。再從黃昏寫到中宵，碧紗櫥中晚風習習，「花香沁骨」，此刻雖不須依倚「竹夫人」，但仍覺其「自然傾國」，是從使用此竹器消熱，人的情趣來描寫。全詞意新句美，生動細緻，雖有丹青妙筆亦難畫出詞境之幽雅芊綿。

①竹夫人：舊時代消暑用品，唐代即有此物。最初用青竹編成長籠。後又用整段竹根，使之光滑中空，四周開洞。夏季與席並用，依倚而眠，以解暑熱，名之曰「竹夫人」、「竹姬」。宋·蘇軾詩：「贈君無語竹夫人」，明人詩云：「竹姬染汗光模糊」。

②靈根一句：斑竹又名湘妃竹。《初學記》引《博物志》：「舜死，二妃淚下，染竹即斑。」妃死爲湘水神，故曰「湘妃竹」。按：湘妃竹較細，最早以之編長竹籠，至清代所製之竹夫人皆用一段粗大竹根。

③橫陳：橫臥。《古文苑·戰國楚宋玉諷賦》：「內怵惕兮阻玉床。橫自陳兮君之傍。」

④桃笙：桃枝編的席。詳見前浦夢珠詞〈臨江仙〉第三首注②。

⑤金鋪：門上銅飾，形如獸面銜環。《昭明文選·司馬相如長門賦》：「擠玉戶以撼金鋪，聲噌吰而似鐘音。」

⑥銀蒜：簾押。昔時簾放下時，用以押住。宋·蘇軾詞〈哨徧〉：「睡起畫堂，銀蒜押簾，珠幕雲垂地。」

⑦傾國：《漢書·外戚傳》引李延年歌：「北方有佳人，絕世而獨立。一顧傾人城，再顧傾人國。寧不知傾城與傾國。佳人難再得。」

⑧碧紗櫥：昔時夏季用木作架，頂及四周蒙以綠紗，人居其中，可避蚊蠅，勝于帷帳。宋・李清照詞〈醉花陰〉云：「玉枕紗櫥，半夜涼初透。」

鷓鴣天

三載京華誤守株①。馮諼依舊食無魚②。貂裘已敝黃金盡③，風雪迎人返故廬。　纔息影，又飢驅。歸遲別速怨征車。故將眠食殷勤囑，生恐啼痕染客裾。

【箋注】

上片迎其夫失意歸來。下片言其夫爲生計所迫，又復遠行。結句因怕行人傷感，忍淚話別。情深意厚，眞摯動人。

①守株：《韓非子》：「宋人有耕者，田中有株，兔走觸株，折頸而死。因釋其耒而守株，冀復得兔。兔不可復得，而身爲宋國笑。」後世喻坐待其成，謂之「守株待兔」。

②馮諼：是孟嘗君門下客，初置之下舍。馮諼彈鋏而歌曰：「長鋏歸來乎，食無魚。」（詳見《史記・孟嘗君列傳》）

③貂裘已敝句：《戰國策》謂蘇秦說李兌，抵掌而談，李贈之「黑貂之裘，黃金百鎰」。又云：「蘇秦始將連橫說秦王，書十上而說不行。黑貂之裘敝，黃金百觔盡。」

凌祉媛詞 三首

作者小傳

凌祉媛字芷沅，道咸間杭州人。丁丙妻，有《翠螺閣詩詞稿》。她年十歲即通吟詠，「近體及詩餘清麗芊綿，溫潤如玉，猶可想見林下之風。至於懷古諸章如咏岳武穆、梁紅玉等作，感慨淋漓，沈鬱頓挫。其議論雄偉，……非復兒女子之態。」（見《翠螺閣詩詞稿》莊仲芳作〈芷沅傳〉）咸豐二年五月卒，年僅廿二歲。

唐多令

切玉妙能工。香調桂米濃。快登筵、粉膩酥融。彷彿劉郎題字在①，誰印出，口脂紅。　佳號復誰同。年年祝歲豐。更團花、簇滿盤中。市上携來紛餽餉，須買到，落燈風。（原注〉「上燈圓子落燈糕」，杭諺也。

【箋注】

上片寫年糕的製作過程，潔白如玉的糯米粉揉成原坯，切成一塊塊，再撒上糖桂花，再用胭脂印上紅字。此爲寫家筵上自製年糕。下片則先點明它的「佳號」，是祝歲餽贈的食品，各種花色高簇盤中，一直賣到元宵節後。此爲寫市上出售的年糕。此小令富於生活情趣，似一幅歲華紀麗圖。

① 彷彿劉郎題字在：劉禹錫作九日詩，欲用「糕」字，以五經中無之，輟不復用。宋祁作詩云：「飆館輕霜拂曙袍，糗餈花飲鬥分曹，劉郎不敢題糕字，空負詩中一世豪。」

蝶戀花 夏夜坐翠螺閣納涼

亭院燈昏煙暗鎖。靜夜迎涼，斜凭闌干坐。庭樹棲鴉清夢妥。涼蟾飛上陰雲破。

銀漢無聲秋淡沱。露濕釵翹，漸覺鬟雙𩌏①。竹外流螢三兩個。隨風又向衣邊墮。

【箋注】

此詞上片寫庭院夜景。燈昏雲暗，一片寂靜，忽見「涼蟾飛上」，雲破月來。清光照耀下，自是衿懷暢快。下片寫坐久人倦，露濕妝殘，瞌睡中「漸覺」雙鬟下垂了。結句又以「流螢」墮衣，微光一閃，睡意頓消矣。描寫納涼人的動態，刻畫入微，耐人尋味。

① 𩌏：垂下貌。

金縷曲　銀瓶井弔岳娥①

不愧英雄後。俯澄波、翩然長逝，貞魂誰偶。當日風波悲父子②，三字獄成何有。嘆恨海、終難填就。殉國縱非兒女事，抱銀瓶、竟向泉臺走。習井畔，謾回首。

援枹肯學韓家婦③。便江山、烽火頓息，奇冤莫剖。一樣趙家乾淨土，贏得芳名長久。看鴛甃、苔痕如繡。環佩歸來潭影靜④，早月華、流照長如舊。懷古恨，酹杯酒。

【箋注】

此詞咏岳飛之女抱銀瓶投井死，後世遂名此井為銀瓶井。上片言岳飛父子被害，岳娥投井情形。下片言即使岳娥能參加戰鬥，但父兄已死，奇冤難剖，也只得投井自盡了。作者緬懷忠貞，無限感慨。她是個廿齡少婦，其小令聲情柔美而長調卻是激楚蒼涼，如此才華，可惜早卒。

① 銀瓶井弔岳娥：岳飛女投井而殉，正史未載，但宋元以來民間祀岳飛皆祔其子女，且杭州亦有此井。明．田汝成《西湖遊覽志．北山勝蹟》「岳武穆王墓」注云，至元間杭州經歷李全慨然重建岳廟，塑岳王像，以其子雲、雷、震、霖、霆祔焉。……「與王之女號銀瓶娘子者。」

② 風波悲父子：見前吳藻〈滿江紅〉（棲霞嶺岳武穆王）注①。

③ 韓家婦：指韓世忠妻梁紅玉。見前吳藻作〈滿江紅〉（翠微亭韓蘄王）注③。

④ 環佩歸來：唐．杜甫詩〈詠懷古蹟〉詩五首之三：「環佩空歸月夜魂。」

附錄：凌祉媛作〈敬瞻岳忠武王遺翰〉七古，有序云：「是卷為紹興八年夏所書。凡十有二字，曰：『城上草，植根非不高，所恨風霜早。』筆意蒼勁，墨色淋漓，誠真跡也。近藏武林姚氏。」

力振千軍撐半壁，轉戰中原幾時歇。將軍好武亦好文，揮灑霜毫如鑄鐵。筆力堅凝氣古蒼。墨花磅礴生光芒。森嚴活潑各臻勝，好處直逼歐柳王。翰墨原非等閒事，遺跡流傳敢輕置。電逝雲馳七百秋，鐵畫銀鈎十二字。字字勁整飛海鴻。歲時款式詳厥終。英姿奕奕想英挺，銅章壓尾芝泥紅。從來筆諫有深意，況復偉人秉靈異。落落揮毫止數言，當時奪盡奸雄氣。勢炎薰天非不高。風霜曾奈歲寒彫。秦頭壓日知難挽，二輩蒙塵恨未消。我思奪情重賜敕。御翰章諭嘉乃德。不及風波紙一張。君書不及公書良。鑾箋尺幅珍琳瑯。桃谿廳事偶題句，零落惜已經滄桑。吁嗟乎，涅背深文久磨滅。臏有芳名榮竹帛。淋漓滿紙墨痕濃，和血書成血猶熱。

（見凌祉媛著《翠螺閣詩詞稿》）

袁嘉詞 二首

作者小傳

袁嘉字柔吉，道咸間浙江杭州人。清代大詩家袁枚孫女，袁遲之女，崇一穎妻，有《湘痕閣詩詞稿》。她與其夫伉儷甚篤，不幸青春早寡。有子女三人，「以奉姑撫孤，飲冰茹蘗，盡慈盡孝。無何，二子殤，姑亦逝。煢然獨處，與孤女形影相弔。不得已返隨園，侍父母，代弟輩理家，怡怡如也。會父母、次弟、三弟夫婦均歿，遺三孤，撫如己子。每當風宵雪夜，一燈課讀，儼若嚴師。」（見王篤生《崇節母傳》）她還為名流夫人延聘為家塾教師，咸豐三年江寧戰亂，投池自盡。以身世淒涼，所作咏物詞托意自傷，與從姊妹袁綬之咏物詞異曲同工，各臻其妙。

沁園春 對鏡

圓冰之中，似是疑非，端詳欲驚。恁兩眉恨鎖，潛消蛾綠①，雙鬟愁擁，暗換鴉青②。水翦瞳寒③，花摶頰艷，昔日憐伊此日憎。憔悴問，今吾故我④，誰駐眞形。　晶瑩。枉自通靈。只難卜、團圓過一生。嘆憑人幻象，隨悲隨喜，泥人癡坐⑤，如醉如醒。

簾捲春風，奩開秋月，獨舞吟鸞感不勝⑥。重磨拭，照瑕疵無愧，心共澄清。

【箋注】

起句以鏡喻冰，亦自喻節操如冰霜，爲全詞主旨。再從對鏡自驚容顏憔悴，回憶往日之嬌美，今昔判若兩人，引入下片對鏡自語，揭示內心苦楚：夫亡寡居，破鏡難圓，是暗用典故。「嘆」領下四句，鏡中影隨人變幻，以喻昔時女子悲歡哀樂皆隨夫婿而轉變，亦自敘寡居生活之哀傷。「簾捲」以下，更進一層來說，縱有明鏡如月而自身已是失侶孤鸞，是明用典故。結末言自己清心如新拭之鏡，澄澈無瑕，與起句相呼應，咏鏡即自傷也。托意深邃，情感眞摯，咏物佳作。

① 蛾綠：《詩經・衛風》：「螓首蛾眉」。古代婦女用「螺子黛」畫眉，故稱「蛾綠」。詞中兼用後漢張敞爲婦畫眉典故。言夫亡後，失去畫眉之樂。

② 鵶青：髮黑如鵶。

③ 水翦瞳寒：唐・李賀〈唐兒歌〉：「骨重神寒天廟器，一雙瞳人剪秋水。」

④ 今吾故我：《莊子・田子方》：「雖忘乎故吾，吾有不忘者存。」注云：「故吾去而新吾又來……故時時有不忘者存焉。」宋・王炎詩：「年光除日又元日，心事今吾非故吾。」

⑤ 泥人：泥讀ㄋ一ˋ，用親暱的情態求索之意。唐・盧仝詩：「泥人啼笑聲呀呀。」

⑥ 獨舞吟鸞：比喻失偶，參見前王韻梅〈一萼紅〉注④。

唐多令 蘆花

慣送往來舟。風生瑟瑟秋。傍荒灘，影共江流。一片冷雲低欲護，棲不定，有沙鷗。渾似柳綿柔。吹殘紅蓼洲。嘆年華，逝水難留。最是愁多頭易白，擔盡了，別離愁。

【箋注】上片寫蘆花生長之環境，下片寫蘆花的形態，刻畫入微。結末擬人法，情感淒楚。

關鍈詞 八首

作者小傳

關鍈字秋芙，道咸間杭州人，蔣坦妻。工詩詞，善書畫、古琴，有《夢影樓詞》。她與吳藻、趙我佩俱爲杭州人，以皆擅吟咏，結爲好友。惟三人中祇有她琴瑟和諧，夫婦愛情彌篤。《杭郡詩三輯》云：「其夫蔣坦爲著《秋燈瑣記》一卷，所謂閨房之事，有甚於畫眉，……」其爲詞造句用字，不尚雕琢，明白如話，而妙語如珠。

憶江南（六首錄三）

長相憶，正月十三時。記得去年今日事，半窗燈影兩人兒。一個畫烏絲①。

其二

長相憶，欲寫錦書遲。幾日傷心眠又減，一春無病疲難醫。欲說又瞞伊。

其三

長相憶，心上數歸鞍。一角荒城三點塔，半帆秋水四圍山。劃滿碧闌干。

【箋注】

這三闋詞都是思念夫婿而作。第一闋說明塡詞時是新春上燈之日，去年此日，他倆不去嬉戲觀燈，仍忙於寫作，閨中之樂何等風雅。第二闋言寫信時的心情和相思之苦，但爲了慰藉遠人，又不願吐露眞情，恩愛之深，於此可知矣！第三闋寫盼望夫婿歸來的心情，每日憑闌眺望，所見者即七言對句中景物，妙在結句：每日盼不到歸人，以劃爲記，今已「劃滿碧闌干」，而人仍未歸來。

①烏絲：烏絲闌，即在紙上畫線爲界，以便書寫。

謁金門

風弄葉。篩碎半簾秋色。明月亂移釵上蝶。畫屏人影疊。　滿地落花如雪。涼皺幾重裙襵。如此長宵燈也滅。聽伊心上說。

【箋注】

起句「風弄葉」三字爲全詞主旨，以下皆描繪秋風颯颯之夜室內所見景物。月映簾影，閃爍不定，釵蝶欲飛，屏上影疊，皆因户外風吹樹搖也。下片夜深風更大，落花滿地。室內涼生，宵長燈滅，人更寂寥了。情景交融的筆致，可與張先〈天仙子〉媲美。對於「影」的刻劃，更爲細緻幽美。

洞仙歌 寄懷藹卿越中

自君別後，便藕花紅槁。露墜蓮房盡丁倒。況半陰不雨，漸短秋天，料此際、晚飯柁樓應早。　羅帷纔病起，未寄綿衣，昨夜君邊可寒到。時節又重陽①，斗酒雙萸，盼烏榜、歸來正好②。怕明日、關山雪霜多，便欲寄音書，雁魚都少。

【箋注】

敘說家常瑣事、季節變化，娓娓動聽。不作纏綿語，而思念之情，躍然紙上。是亦以詞代簡之佳作也。

① 重陽：《藝文類聚》引曹丕〈與鍾繇書〉：「歲往月來，忽復九月九日。九爲陽數，而日月並應，俗嘉其名，以爲宜于長久。」

② 烏榜：榜，指划船槳。烏榜，即指烏篷船。言其夫乘船歸家。

高陽臺 夕陽

斷雁飄愁，盤鴉聚暝，一鞭殘夢歸鞍。酒醒郵程，嶺雲隴樹漫漫。渡江幾點歸帆影，近荒林、一帶楓殷。最難堪、第一峰前，立馬斜看。　而今休說鄉關路，剩濛濛野水，瘦柳漁灣。短帽西風，古今無此荒寒。蘆笳聲裡旌旗起，問當年、誰姓江山。有悠悠、幾處牛羊，短笛吹還。

【箋注】

上片描寫馬上歸客在暝色蒼茫中所見之秋景。下片寫行近「鄉關路」，更是「古今無此荒寒」。下接「蘆笳聲裡旌旗起」，說明正處於戰火紛飛中。此雖以「夕陽」爲題，但所言皆爲江南一帶戰爭景象，此詞當作於太平天國與清廷交戰之際。昔時女詞人作品能反映時代動亂的極爲罕見，此作自是鳳毛麟角。

洞仙歌　題橫山草堂圖①

茆堂十笏，在晚涼深處。門外蕭蕭水楊樹。界琅玕多少②，一半雲棲，留一半，人與燕兒同住。　儂家溪上屋，簾榭中間，也有青山亂無數。溪水半通橋，著個蜻蜓，還容得、竹床茶具。只可惜、秋風起蘆花，把如此煙波，讓伊鷗鷺。

【箋注】

妙語如珠，清景在目。毫無藻飾之句，全爲樸素語言，是一首精美的白話詩。

①橫山：《松江府誌・山川》：「橫雲山在府城西北廿三里，高七十尺，周圍五里，本名橫山，唐天寶六年易今名。」

②琅玕：原爲玉名，詩詞中用以喻竹。見前劉琬懷詞〈金縷曲〉（春日感作）注⑨。

金縷曲 答沈湘濤

夢想今三載，忽傳來、芙蓉箋紙，新詞十賚①。一樣紅顏飄泊感，鹽米光陰無奈。好珍重、玉臺詩派。明月絳紗春風裡②，看金釵、盡下門生拜。浮大白，爲君快。
相逢各有因緣在。算人生、才能妨命，病態何怪。祇惜聰明長自誤，身世飄搖文海。況愁裡、朱顏易改。不見花間雙蝴蝶，但多情、即是昇仙礙。知我者，定能解。

【箋注】

沈湘濤是道咸間女詩人，以教授女弟子爲業。此詞即與沈酬唱之作。上片言沈寄來所作詞，並知沈授徒傳詩。下片言喜愛文學，卻造成人生障礙。皆爲慨嘆女子只能在「鹽米」家務中，無可奈何的度過此生，縱有聰明才智，終無所作爲。此詞可代表封建時代有才華女士的共同心聲。

① 十賚：道教用語。《陶弘景集》（道藏本）有〈授陸敬游十賚文〉。唐·皮日休詩：「他日欲事先生去，十賚須加陸逸沖。」自注：「十賚猶人間九錫。」按：十賚是仙人最高的賞賜。

② 絳紗春風：絳紗，據《晉書·韋逞母宋氏傳》，宋氏傳其父業，得《周官音義》。年八十，視聽無缺，就宋家立講堂，置生員百廿人，隔絳紗幔而受業。號宋氏爲宣文君。春風，《近思錄》云朱光庭「見明道（程顥）於汝，歸謂人曰：『光庭在春風中坐了一個月。』」按：此言朱聞程顥教誨，心情愉悅，聽講時的感受如坐在和煦的春風中。

趙我佩詞十一首

作者小傳

趙我佩字君蘭，道咸間杭州人。張上策妻，有《碧桃仙館詞》。其父趙慶熺著《香消酒醒詞》。她幼承家學，並受業於名師，「能度曲，嫻音律，與關秋芙、吳蘋香兩女士爲至友，故詞體亦略相近……晚年家益落，與一養婢同居。書畫古玩，易米度日，殆與李易安異世同慨……」（見《詞學季刊》一卷三期中張爾田致龍榆生書，按：趙我佩是張爾田先生的伯母）。趙氏之詞清幽婉麗，意境佳妙，自堪與關、吳兩女詞家媲美，又據張爾田云，她「生前所刻詞係手寫上板」，可知亦精於書法。惜原刻本皆燬于兵燹。今《小檀欒室彙刻閨秀詞》本，爲近人收集者。

憶江南 寄外（七首錄四）

人去也，人去短長亭①。卻向君前佯忍淚，不因別後始關情。無計阻征程。

其二

人去也，人去夢難成。繡被春寒常倚枕，畫屏香冷懶調笙。鎮日數行程。

其三

人去也，人去怯憑闌。淡墨名題期蕊榜②，軟紅塵涴卸瑚鞍③。夢直到長安④。

其四

人去也，人去幾時歸。容易風霜吹木葉，只愁清瘦減腰圍。誰與授寒衣。

【箋注】

此四首詞乃作者以夫婿赴京應試，自敘離愁別緒之作。第一首寫自己的心情，第二首寫行動，皆言其夫初啓程未到京時她的思念。第三首言其夫爲了科第，風塵僕僕，旅途勞苦。她在夢中送夫到了京城。第四首寫天漸寒冷，只愁她的夫婿「瘦減腰圍」，有誰爲他取出禦寒的衣服？四首中對偶句自是警策，但結末五言，更有畫龍點睛的作用。

①　短長亭：古代旅途中「十里一長亭、五里一短亭」，爲供行人休息之所。唐・李白〈菩薩蠻〉：「何處是歸程。長亭連短亭。」

②　蕊榜：神話傳說神仙放榜於大羅天之蕊珠宮，因此，考取進士，美其名曰蕊榜。

③　軟紅塵：宋・蘇軾詩：「軟紅猶戀屬車塵。」自注：「前輩戲語西湖風月，不如東華軟塵土。」按：此詞中指作者之夫赴北京應試。

④　長安：今陝西省西安市一帶。詞中借指北京。

南鄉子

愁鎖鬱金堂①。懶對芙蓉暈晚妝。心事怕從眉際露，遮藏。獨自尋思暗斷腸。　人瘦比花黃②。簾捲西風冷夕陽。鸜鵒不知儂意緒，悲涼。紅豆偏教啄一雙③。

【箋注】

上片言心事「遮藏」，「暗」自「斷腸」。下片結句「紅豆偏教啄一雙」，她的「心事」終於為鸜鵒揭出來，使得愁緒更深了。寓意、造句巧妙新穎。

①鬱金堂：用鬱金香塗牆壁（見《才調集補注》），唐·沈佺期詩：「盧家少婦鬱金堂，海燕雙棲玳瑁梁。」

②人瘦比花黃：宋·李清照〈醉花陰〉詞：「簾捲西風，人比黃花瘦。」

③紅豆：相思子又名紅豆（見《本草》），唐·王維詩：「紅豆生南國，春來發幾枝。勸君勤採擷，此物最相思。」

采桑子

桃笙八尺清如水①，寒到衾邊。意軟鬟偏。一樣釭花瘦可憐②。　近來儂也銷魂慣，長夜如年。只是無眠。心似香燒欲化煙。

【箋注】

此詞寫初秋之夜，簟冷衾寒，長夜無寐的情景。全首不著一字，但讀者卻深深理解作者獨眠的孤寂與相思之淒楚。兩結比喻奇絕：人似燈花瘦可憐，心似爐香欲化煙，形神俱悴，無比纏綿。若倚今樂而歌，殆可風行一時歟？

①桃笙：桃枝編的席，典出《昭明文選·左思吳都賦》，詳見前浦夢珠〈臨江仙〉第二首注②。

②釭花：釭，燈也。唐·李白詩：「金釭青凝照悲啼。」按：釭花即燈花。

點絳唇對鏡

多謝菱花①，照儂眉黛青於柳。美人消瘦。明月團圞否。　顧影含情，秋水神初透②。黃昏後。眼波斜溜。燈火屏山逗。

【箋注】

上片言對鏡自憐，雙黛如柳，而畫眉無人，月圓人瘦，暗示別離之苦。下片言目如秋水清澄，「黃昏後，眼波斜溜」，暗示夫妻團聚，閨房之樂。眉目傳情，語意含蓄，小令神品。

①菱花：《趙飛燕外傳》：「飛燕始上大號『婕妤』，奏上三十六物以賀，有七尺菱花鏡一奩。」

②秋水：唐·白居易詩：「雙眸剪秋水」。

江城梅花引寄采湘

瘦腰怯似柳枝柔。怕經秋。易經秋。容易西風，吹恨上眉頭。誰惜近來憔悴甚，心似醉，一絲絲、繞亂愁。

亂愁亂愁數更籌。衾半兜。香半留。夢也夢也，夢不到、舊日妝樓。怪煞銷魂，簾底月如鈎。照徧花前攜手路，人去也，贘相思，淚暗流。

【箋注】

此闋上片以柳喻人，經秋憔悴，瘦腰如柔枝，愁思如亂絲。換頭承上片結句，三疊「亂愁」，兩用「半」字，再疊「夢也」，言相憶之深也。夜闌無寐，夢亦難尋，月色中猶望見攜手之處，魂消淚流。下片全用敍述，而與上片比喻相呼應，聲情悽婉。當時吳藻尤喜塡此調，作者與吳藻爲閨中詞友，塡詞風格亦相似。

臺城路　湖樓晚眺

一絲殘照垂楊外，疏林亂鐘敲暝。暖玉闌邊，銷金帳底，煙裊藥爐香凝。匳波萬頃。看眉樣青山，晚來妝靚。喚起圓蟾，碧天如水夜雲靜。

良宵誰放畫艇。遙聞釵釧響，微露花影。待月窗開，臨風扇小，樓上有人愁凴。羅衣靠冷。笑身似梧桐，未秋先病。涼笛惺忪①，醉魂吹易醒。

【箋注】

上片寫湖樓內外景物，下片寫湖樓內外人物。起二句從「殘照」、「亂鐘」刻畫出西湖薄暮之美。「闌邊」、「帳底」藥爐香凝，描繪作者樓居情況。「瀲波萬頃」以下，寫圓月朗照湖山夜景，令人神往。下片承上，望見夜湖放舟而有釵釧聲，暗示遊湖者亦有女子。再轉到樓中凭望，從而寫作者心情。以「小扇」、「羅衣」點出時屆夏令。「未秋先病」點明養疴湖樓，亦與上片「藥爐」照應。結末聞笛「惺忪」，醉魂蘇醒矣！吹笛者誰？畫艇中人歟？清靈委婉，餘韻悠然。

① 惺忪：蘇醒的神態。

八聲甘州 中秋苦雨寄勵軒吳門

捲輕妙翠袖軟涼生，香銷玉爐煙。儘燈挑紅豆，秋心如醉，酒中愁邊。聽徧黃昏風雨，擁髻不成眠。孤負團圓節，冷落芳筵。　萬古有情明月，恁今宵盼斷，碧海青天。悵廣寒宮闕①，雲掩路三千。料姮娥②、替人垂淚，怕晚妝、金鏡向人圓③。應知我、新來離別，影隻堪憐。

【箋注】

此詞爲寄其夫張上策之作，勵軒是上策別號。上片言與夫婿別後，獨處深閨，相思之苦，中秋團圓節，更覺冷落。下片從中秋苦雨無月設想：「姮娥替人垂淚」，「金鏡」不照「隻影」，天亦有情，何況勵軒？立意新奇，情感眞切。

①廣寒宮闕：唐明皇夢遊月宮，見榜曰：「廣寒清虛之府」，參見前顧貞立詞〈虞美人〉注②。
②姮娥：后羿妻，竊不死之藥奔月，後因避漢文帝諱，改爲「嫦娥」。
③金鏡：指圓月。

臺城路　題俞吉庵聽蕉圖

是何聲起簾波外，濃陰半遮庭宇。酒夢初醒，茶煙未冷，清絕翠深深處。開門看雨。正月影篩金，滿階蛩絮①。小檻燈昏，此情幽抑共誰訴。西窗夜深坐久，儘輕衫側帽②，瀟灑如許。簌簌方來，疏疏忽斷，一片秋心能語。披圖認取。想葉底微吟，舊題詩句。萬疊雲箋，綠天菴外補。

【箋注】

此詞作法摹仿歐陽修〈秋聲賦〉。「是何聲起簾波外？」，以疑問句開端，引人入勝。下接「濃陰半遮庭宇」是寫室外景，而室內人「酒夢初醒」，矇矓中似聞雨聲。但「開門」一看，卻是月照綠蔭，影如篩金，滿階秋蛩，正在絮語。「篩」、「絮」二字，是經過一番冶煉的，於此可知作詞煉字之工力。更從「蛩絮」，映襯出人的孤寂：「小檻燈昏，此情幽抑共誰訴？」結末以反詰句與開端相應，更從聞蕉聲，說到聽蕉聲的心情。此段皆爲側面寫「聽蕉」，自過片「西窗夜涼坐久」以下，俱爲正面寫「聽蕉」，並說明能與幽人共訴「秋心」者，惟有蕉聲。「

披圖」以下，點明爲題畫之作。這首詞造境清幽，筆法佳妙，能將畫圖中難以描繪的境界神情，生動美妙的表達出來。此幅畫不知尚存否？但這題畫詞則是絕妙佳作，自能永傳於世。

①蛩絮：秋蛩不斷的鳴叫，如同人的絮語。（不斷說話，俗語「絮絮叨叨」。）

②側帽：北魏獨孤信「在秦州，嘗因獵，日暮馳馬入城，其帽微側。詰旦，而吏民有戴帽者，咸慕信而側帽焉。」宋・陳師道詞〈南鄉子〉云：「側帽獨行斜照裡，颼颼。」按：側帽指男子風流瀟灑的神態。

吳藻詞 十八首

作者小傳

吳藻字蘋香，道咸時杭州人，工詩詞兼擅書畫。著有《花簾詞》、《香南雪北詞》兩集，有詞四、五百首，爲有清一代女詞人中傑出大家。陳廷焯《白雨齋詞話》云：「蘋香父夫俱業賈，兩家無一讀書者，而獨呈翹秀，殆有夙慧也。詞意不能無怨，然其情亦可哀矣！」張德瀛《詞徵》云：「蘋香詞緝商綴羽，不失分寸，嘗寫「讀騷飲酒圖」自製樂府曰〈喬影〉。吳中好事者，被之管絃，一時傳唱，遂徧大江南北。」從以上詞話中可知，她並非名門閨秀，而是爲當時士大夫歧視的庸俗市井之家的妻女。然而，她自製的樂府竟能「傳唱」風行一時，徧於「大江南北」，這就說明了她的倚聲之作，聲情並茂，已被詞壇公認爲卓越的女詞家了。她的「詞意不能無怨」，她是會怨恨家中人都不愛讀書，尤其是夫婿亦非士子，無有唱隨之樂。但是，我們今天從其塡詞來看，她最大的怨恨卻是封建制度加在婦女身心的桔桎。徐珂《近詞叢話》云：「吳蘋香詞似潄玉。錢塘梁應求題其「速變男兒圖」有句云：『南朝樂府黃崇嘏，北宋詞宗李易安』，非虛譽也。」她這幅「速變男兒圖」是依據五代前蜀女子黃崇嘏改扮男裝，在幕府中任參軍的故事所畫。黃崇嘏才智出衆，「蜀相周庠欲妻以女。崇嘏貢詩自白以謝。有『幕府若容爲坦腹，願天速變作男兒』之句。」（見《歷代畫史彙傳》卷六十八）黃崇嘏自己說出秘密之後，當然是被解職「還臨邛故里」去了。吳藻繪此圖，不就是用以寄託她心中最大的怨恨嗎？身爲女子，縱有奇才壯志，亦不能求得功名，爲世所用。這幅「速變男兒圖」自是數千年以來閨中才媛共同的心聲。吳藻在十九世紀初的清代，能夠毫無顧忌的畫出這樣諷諭之圖，可知她不僅是清代最傑出的女詞家，也是要求走向社會的婦女先驅者。

清平樂

一庭苦雨。送了秋歸去。只有詩情無著處。散入碧雲紅樹。　黃昏月冷煙愁。湘簾不下簾鈎。今夜夢隨風度。忍寒飛上瓊樓。

【箋注】

上片言苦雨送秋，詩情在遙望雲樹之間，有所思也。下片言黃昏月冷，爲了使夢隨風去，不下簾鈎，人忍寒，魂夢亦「忍寒飛上瓊樓」，一往情深，不言而喻。

惜分釵 聞蛩

閑庭宇。秋如許。還添幾箇寒蛩語。一聲聲。一更更。難道今宵說到天明。聽聽。茶分乳。香銷炷。紅衾欲整重新住。且消停。再呼燈。觅眼籬邊，蛤粉牆陰。尋尋。

【箋注】上片寫聽蛩聲。下片寫尋蛩蹤。兩結疊字巧妙，點出人從室內到室外的動態。

醉太平

疏簾一層。疏燈一星。夜深飛入流螢。照琴書亂橫。　寒蟬暫停。寒螿又鳴。一聲聲和秋聲。怕愁人不聽。

【箋注】上片寫流螢自簾外飛入，微光所照室內之景。下片寫愁人在簾內所聞，寒蛩鳴秋室外之聲。目見耳聞筆法巧妙，名家之作，自是超群。

浣溪沙

一卷離騷一卷經。十年心事十年燈。芭蕉葉上幾秋聲。　欲哭不成還強笑，諱愁無奈學忘情。誤人猶是說聰明。

【箋注】語句精練，小令上品。前三句含蓄而深刻，後三句寫內心愁苦，勝於千言萬語。

扇引團圞月，衫更薄薄羅。水晶簾子漾微波。梳羅一緺雲髻，池上看新荷。　無意留春住，驚心怕病磨。好天能幾日晴和。等著花飛，等著柳絲拖。等著芭蕉葉大，夜夜雨聲多。

【箋注】

上片寫初夏時節，晨妝初罷，從簾內移步池上，如一幅著色仕女圖。下片寫人的情緒，「等著」三疊句，聲韻動人，寓情於景。作者喜填〈江城梅花引〉及本調，以其能發揮她善於用重字疊韻的特長。往復纏綿，情致委婉。雖無絃索，亦如歌唱。

喝火令 有序

四月十六夜，泛櫂北山，月色正中，湖面若鎔銀。戲拈小石投水，波光相激，月纍纍如貫珠。時薄酒微醺，繁弦乍歇，浩歌一闋，四山皆應，不自知其身在塵世也。

放眼壺天隘①，當頭璧月圓。玻璃十頃不嫌寬②。金管玉簫檀板，齊奏木蘭船。　片石投如矢，層波漾作圈。明珠散走水晶盤。那得山靈，借我仙掌小於拳。那得虹霓成線，萬顆一齊穿。

【箋注】

上片寫月明之夜，放舟西湖，簫管齊奏之樂。下片形容絕妙，能以韻語寫出投石入水，所見波光月影動蕩之美，且明白如話，想像超凡，結末二句尤爲警策。

①壺天：《雲笈七籤》云，有施存者「學大道之丹，後遇張申爲雲臺治官，常懸一壺如五升器大，變化爲天地，中有日月如世間。夜宿其內，自號壺天。」李白詩：「何當脫屣謝時去，壺中自有日月天。」

②玻璃：謂西湖水波明徹如玻璃。宋·張耒詩：「塵埃可洗憂可豁，待君一勺玻璃泉。」

江城梅花引

黃昏無語把金巵。正愁時。耐回思。記得當年，此夕坐填詞。依約玉階涼似水，倚橫笛，但聲聲、唱柳枝。　柳枝柳枝一絲絲。力不支。風又篩。瘦也瘦也，瘦不過、近日腰支。誰道秋來，心事沒人知。自有娟娟簾外月，長照我、晚妝殘，夜臥遲。

【箋注】

上片黃昏把酒愁來，回憶當年此夕倚笛唱柳枝情景，遂引入下片人瘦如柳枝。秋來心事誰知？惟有「娟娟簾外月」相照相慰耳。全詞皆口語化，亦可倚今樂而歌。下片「柳枝」、「瘦也」，重疊句法，讀之令人蕩氣迴腸。

祝英臺近影

曲闌低，深院鎖。人晚倦梳裹。恨海茫茫，已覺此身墮。可堪多事青燈，黃昏纔到，更添上、影兒一箇。　最無那。縱然著意憐卿，卿不解憐我。怎又書窗，依儂伴行坐。算來驅去原難，避時尚易，索掩卻、繡帷獨臥。

【箋注】

上片言「恨海茫茫」，此身墮入，怨恨甚矣！下三句點出題目。過片三句，託意自傷。作者之夫為商賈，不解吟咏，「卿不解憐我」，咏影即指人也，正如陳廷焯所云：「其情亦可哀矣！」

醉翁操

斜廊。深房。閑窗。剪金釭①。昏黃。微風暗吹羅衣裳。木樨天氣花香。夜漏涼。二十五聲長。薄酒醒可憐晚妝。　昔年聽雨，秋爲愁鄉。昔年對月，簫譜新腔舊腔。怨雨聲兮牀牀。感月華兮茫茫。今年十度霜。挑燈重思量。小令斷人腸。素箋淡墨兩三行。

【箋注】

此調原爲琴曲，作曲者宋代沈遵，蘇軾始創爲塡詞。蘇軾有序云：「琅琊幽谷，山川奇麗。泉鳴空澗，若中音會。醉翁（指歐陽修）喜之，把酒臨聽，輒欣然忘歸。既去十餘年，而好奇之士沈遵，聞之往遊，以琴寫其聲曰：〈醉翁操〉。節奏疏宕，而音指華暢，知琴者以爲絕倫。然其有聲而無其辭，翁雖爲作歌，而與琴聲不合。又依《楚辭》作〈醉翁引〉，好事者亦倚其辭以製曲，雖粗合韻度，而琴聲爲詞所繩約，非天成也。後三十餘年，翁既捐館舍，遵亦沒久矣！有廬山玉澗道人崔閑，特妙於琴，恨此曲之無詞，乃譜其聲而請東坡居士以補之云。」於是這闋琴曲遂演變成塡詞之曲調，故其韻位密而句法奇。昔人塡此調多爲慷慨蒼涼之聲，作者倚此以寫閨情，舊曲新腔，音韻流美。

①金釭：釭，燈也。

鶯啼序

明湖鏡匳乍展，恰高翻翠漲。散微雨、遲日烘晴，畫鷁坐天上①。斷橋外②、尋詩載酒，梅花落盡春無恙。甚逋翁③，秋菊寒泉，水仙祠傍。　一帶長堤④，細柳自碧，映嬌波淺漾。謾憑弔、蘇小墳頭⑤，玉人何處門巷。夕陽中、飛來燕子，舊巢識、紅泥亭敞。綠裙腰⑥，芳草年年，酒旗歌舫。　雙峰對影⑦，半塔擎空⑧，插雲似露掌。想像到、曉梳螺髻，鈿朵香疏，黛葉青描，阿儂能倣。蘭橈占岸，雕軿爭路，南屏煙鎖鐘聲起⑨，但芳洲、儘把眠鷗讓。重城悄隔，黃昏鳳鑰頻催，淡月鶴夢孤往。　三潭夜午⑩，一色鎔銀，浸桂輪素浪。問幾曲、闌干誰拍，步襪生涼，冷照風鬟，暗添霞想。瓊樓未起，珠宮深閉，圓期三五頻辜負，待良宵、須買扁舟放。吹笙緱嶺非遙⑪，試鼓銅琴，四山送響。

【箋注】

此爲詞調中最長者，共分四片。開端即明確咏西湖綠漲，自斷橋放艇至孤山。二段寫雙堤一帶景色，特突出蘇小墓（今已拆除），且以蘇堤六橋爲重點。芳草、裙腰，言白堤之景也。三段寫南、北高峰，雙峰插雲，如螺髻、如眉黛。「阿儂能做」，表現出女詞人的特色。遊人至此捨舟上岸，車如流水，「雕軿爭路」，南屏晚鐘響起，遊人紛紛歸去了。末段設想西湖夜景，三潭映月，湖光月色，當更幽美，待圓月良宵，「須買扁舟放」。全詞寫「尋詩載酒」、乘舟遊湖所見之景色。惟結末一段是想像月明之夜，放舟鼓琴，應如仙境。首尾呼應，以放船寫實開端，更以想像夜遊作結，但實景詳盡而設想簡略，章法井然。全詞描繪遊湖之樂趣，湖山之勝景，如在讀者眼前展現一幅西湖長畫卷。

①畫鷁：指遊船。古代船頭畫水鳥鷁首，張協〈七命〉云：「乘鷁舟兮爲水嬉。」

②斷橋：原名寶佑橋，自唐時即呼爲斷橋。明．田汝成《西湖遊覽志》云：「豈以孤山之路，至此而斷，故名之歟？」元時詩人又稱爲段橋、段家橋。

③甚逋翁三句：宋詩人林逋隱於孤山，「徵辟不就，構巢居閣，繞植梅花，吟咏自適。徜徉湖山，或連宵不返。

客至，則童子放鶴招之。」宋眞宗嘉其高尙，賜號和靖先生。林逋墓在孤山之陰。宋．蘇軾〈書林逋詩後〉詩云：「我笑吳人不好事，好作祠堂傍修竹。不然配食水仙王，一盞寒泉薦秋菊。」

④一帶長堤：明．田汝成《西湖遊覽志》：「宋元祐間蘇子瞻（蘇軾字）守郡，濬湖而築之，人固名蘇堤。夾種花柳，中爲六橋。」蘇軾詩：「六橋橫截天漢上，北山始與南屏通。忽驚二十五萬丈，老葑席捲蒼煙空。」自是湖分爲兩，西曰裡湖，東曰外湖。「蘇堤春曉」爲十景之一。又自斷橋西到西泠橋有白堤，相傳爲白居易所築。

⑤蘇小墳頭：《古樂府．蘇小小歌》：「我乘油壁車，郎乘青驄馬。何處結同心，西陵松柏下。」後人遂於西泠橋畔（西泠又作西陵）作蘇小小墳，今已拆除。

⑥綠裙腰：唐．白居易詩：「誰開湖寺西南路，草綠裙腰一徑斜。」詞中指白堤。

⑦雙峰對影：南高峰爲南山最高處，北高峰在靈隱寺附近。南北高峰，遙遙相對。「雙峰插雲」爲十景之一。

⑧半塔擎空：西湖之南屏山舊有雷氏居此，故又名雷峰。五代時吳越王妃黃氏於此建塔名黃妃塔，又名雷峰塔。《湖山便覽》云：「塔舊有重檐飛棟，窗戶洞達。後燬於火。」因塔燬其半，故詞中稱「半塔」。「雷峰夕照」爲西湖十景之一。此塔已於一九二四年傾圮無存。

⑨南屏煙鎖鐘聲起：南屏山淨慈寺始建於錢俶，宋代又重修，廟宇宏大。宋．蘇軾詩云：「臥聞禪老入南山，淨掃清風五百間。」「南屏晚鐘」爲十景之一。

⑩三潭夜午：《西湖遊覽志》：「相傳湖中有三潭，深不可測。西湖十景所謂「三潭印月」者是也。故建三塔

以鎮之。」

⑪ 緱嶺：在河南省偃師縣。《列仙傳》謂王子喬吹簫作鳳鳴，後入嵩山修道成仙，吹簫於緱嶺山頭。此詞中以此典故說明，夜月遊湖鼓琴，「四山送響」，亦如王子喬吹簫於緱嶺，仙人境界也。

滿江紅 二首

謝疊山遺琴二①，首琴名號鐘，爲新安吳素江明經家藏。

半壁江山，渾不是、鶯花故業。歎回首、蕭條野寺，凄涼落月。鄉國烽煙何處認，橋亭卜卦誰人識②。記孤城、隻手挽銀河，心如鐵。
纔賦罷，無家別。早殉此，餘生節。儘年年茶坂，杜鵑啼血。三尺焦桐遺古調③，一抔黃土埋忠穴。想泉底、泉底瘦蛟蟠，苔花熱。

其二

怨羽愁宮④，算歷劫、沈埋燕代⑤。慟今古、電光石火，人亡琴在。南國穿雲誰挈去，西臺如意誰敲壞⑥。剩孤臣、尚有未灰心，垂千載。
冬青落⑦，花無賴。梧桐活，天都快。試一彈再鼓，共增悲慨。凄烈似聞山寺泣，蕭騷不減松風籟。歎伯牙⑧、辛苦舊時情，知音解。

【箋注】

第一闋開端「半壁江山」以下，皆寫謝枋得在信州抗元失敗後，變姓名入建寧山的悲涼情景。下片寫謝抱琴隱居，終於殉宋而卒。第二闋開端「怨羽愁宮」以下，皆寫謝枋得「人亡琴在」，並用「南國穿雲」、「西臺如意」兩典故爲陪筆。下片則以林景熙埋宋帝骨，作冬青詩來說明孤臣遺民的共同「悲慨」。是第一闋咏謝枋得其人，以正面寫法咏其生平事蹟；第二闋咏謝遺琴，以陪襯寫法咏宋代遺民事蹟，突出謝的忠心。

此二闋詞激楚蒼涼，悲歌弔古，一變作者自寫閨情之宛轉流麗，豪放、婉約，兼擅並美，女詞家中可謂前無古人。此二闋之立意、鑄辭，亦堪與同時代鬚眉名家，爭一日之長矣，自是清詞女中魁首。

① 謝疊山：謝枋得字君直，號疊山。宋末弋陽人，寶祐四年進士。曾爲考官，以斥責賈似道謫興國軍。德祐初，元軍東下，枋得知信州，力戰兵敗，更姓名入建寧山。後隱居於閩中。元代至元間，訪求遺才，強之北行，不食死。門人私謚文節。著有《謝疊山集》。（詳見宋史本傳）

② 橋亭卜卦誰人識：《宋史·謝枋得傳》謂信州不守，「枋得乃變姓名，入建寧唐石山，轉茶坂，寓逆旅中，日麻衣躡屨，東鄉而哭，人不識之，以爲被病也。已而去，賣卜建寧市中，有來卜者，惟取米、屨而已，委以錢，率謝不取。」

③ 焦桐：《後漢書·蔡邕傳》：「吳人有燒桐以爨者，邕聞火烈之聲，知其良木。因請裁爲琴，果有美音而其尾猶焦。故時名曰：『焦尾琴』焉。」

④怨羽愁宮：宮、商、角、徵、羽爲琴之五音。

⑤燕代：燕與代皆爲古國名，其地即今北京郊區及河北省一帶。

⑥西臺如意：宋末義士謝翺聞文天祥在燕京殉國，乘舟往富春江七里瀨，登嚴光祠後西釣臺，設天祥主，跪伏，號而慟者三。乃以如意擊石，作楚歌招之曰：「朝往兮何極，暮歸兮關水黑。化爲朱鳥兮有噣焉食。」歌闋，竹石俱碎。（見謝翺《晞髮集·西臺慟哭記》）

⑦冬青落：宋末元初有林景熙者，號霽山，浙江溫州人。楊璉、眞伽掘宋陵，景熙收高宗孝宗骨，與唐珏所收之骨葬于紹興蘭亭，其處種冬青樹以識之。作詩四首，其中有句云：「獨有春風知此意，年年杜宇哭冬青。」（見《宋詩鈔》）

⑧歎伯牙三句：伯牙鼓琴，志在高山。鍾子期曰：「峨峨兮若泰山。」志在流水，鍾子期曰：「洋洋兮若江河。」子期死，伯牙絕絃，以無知音者。詳見前吳綃詞〈河滿子〉注①。

滿江紅西湖詠古（十首選二）

——棲霞嶺岳武穆王①

血戰中原，弔不盡、忠魂辛苦。紛紛見、旌旗北指，衣冠南渡。半壁鶯花天水碧②，十圍松柏雲山古。最傷心、杯酒未能酬，黃龍府③。　金牌急④，無人阻。金甌缺⑤，何人補。但銷金鍋裡⑥，怕傳金鼓。牆角讀碑斜照冷，墓門鑄鐵春泥污⑦。爇名香、步步拜靈祠，棲霞路。

開端第二句即說明「弔不盡、忠魂辛苦」：岳飛忠心報國竟爲奸佞所害，終於中原失守，南宋只有半壁江山。下片連用「金」字，言奸臣當道，賣國求榮。「牆角」句以下，言作者訪古所見，及對岳飛崇敬的心情。

【箋注】

① 棲霞嶺句：田汝成《西湖遊覽志·北山勝蹟》：「葛嶺之西爲履泰山、棲霞嶺……嶺下爲岳武穆王墓（即岳飛墓）。」岳飛，宋河南湯陰人，字鵬舉。事母孝，家貧力學。宣和中以敢戰士應募入伍，隸宗澤部下。屢破金軍，累官至太尉，又授少保，爲河南北諸路招討使。未幾，大破金兵於朱仙鎭，欲指日渡河。時秦檜力主和議，乃一日降十二金字牌召飛還，復使万俟卨等劾飛，遂下獄被害死，時年三十九歲。宋孝宗時詔復官，謚武穆。寧宗時追封鄂王，改謚忠武。（詳見《宋史·岳飛傳》）

② 天水碧：《廣韻》：「伯益孫造父善御，幸于周穆王，賜以趙城，因封爲氏，望出天水。」宋朝姓趙，故稱天水。詞中此句指南宋遷都杭州臨安，有西湖勝景，朝廷仍耽於佚樂。

③ 黃龍府：朱仙鎭之役，金人大敗。岳飛謂其部下曰：「直搗黃龍，與諸君痛飲耳。」按：黃龍府爲金人重鎭，在今東北吉林省境。

④ 金牌急：見注①。

⑤ 金甌缺：《南史·宋異傳》引武帝言：「我國家猶若金甌，無一缺傷。」

⑥ 銷金鍋：指西湖。《武林舊事》云：「西湖天下景，朝昏晴雨，四序總宜。杭人亦無時不遊，而春遊特盛焉。日糜金錢，靡有紀極，故杭諺有『銷金鍋兒』之號。」

⑦ 墓門鑄鐵：明正德八年，都指揮李隆鑄銅為秦檜、檜妻王氏、万俟卨三像，反縛，跪墓前，後又增張俊像。今杭州岳墳前有鐵鑄四奸跪像，墓門前有聯云：「青山有幸埋忠骨，白鐵無辜鑄佞臣。」

滿江紅 翠微亭韓蘄王①

膽落強金，黃天蕩②、樓船飛繞。雨點㨾、打來征鼓③，玉纖花貌。名並千秋思報國，獄成三字悲同調④。幾何時、絕口不言兵，無人曉。　紅粉瘦，江山老。兒女話，英雄笑。看清涼居士⑤，騎驢側帽。詩句翠微亭上夢，劍瘢春水湖邊照。把中興、事業付東風，閑憑弔。

【箋注】

自起句至「玉纖花貌」，皆言韓世忠及其妻梁紅玉戰功。下接七言對偶句，上句總結前數句，言梁紅玉與夫同樣名垂千古；下句則言韓與岳飛皆忠臣，而岳飛以「莫須有」三字獄被害。「幾何時」以下言韓悲傷退隱。下片言梁紅玉與韓世忠隱於西湖，不再出仕，韓自號清涼居士，優遊湖上，度過晚年。

① 翠微亭韓蘄王：《西湖遊覽志·北山勝蹟》：「翠微亭，宋韓蘄王世忠建。世忠既忤秦檜，解樞柄，奉朝請，

逍遙湖上，因建此亭。」韓世忠，宋代陝西延安人。少從軍，勇猛善戰，曾擊敗西夏。金兀朮統兵十萬南犯，世忠以八千人屯鎮江，大敗金兵於黃天蕩。授神武左軍都統，制以宣撫使駐鎮江。又大破金兵，時稱中興第一功，賜號揚武翊運功臣。秦檜柄政，力主和議。世忠力詆之，檜收其兵權，罷爲醴陵觀使。自此口不談兵，隱居西湖。常携酒跨驢，優遊湖上。晚喜釋老，自號清涼居士。卒謚忠武，孝宗時追封蘄王。（詳見《宋史·韓世忠傳》）

② 黃天蕩：地名，在今南京市東北。

③ 打來征鼓兩句：韓世忠妻梁紅玉本爲營妓，韓微時，梁識其不凡，嫁之。韓貴，封爲安國夫人。韓戰金兵於焦山，梁紅玉桴鼓助戰，士卒大奮，金兵卒不得渡。世忠邀金兀朮於黃天蕩，幾成擒，兀朮鑿河遁。紅玉奏言世忠失機，乞加罪責，舉朝爲之動色。（詳見《宋史·韓世忠傳》）

④ 獄成三字悲同調：《宋史·岳飛傳》云，秦檜等人加罪於岳飛，捕入獄，「韓世忠不平，詣檜詰其實。檜曰：『飛子雲與張憲書，雖不明，其事體莫須有。』世忠曰：『莫須有三字何以服天下？』」按：「莫須有」即「也許有吧？」（不一定有）後世遂謂岳飛冤獄爲「三字獄」。

⑤ 清涼居士：見注①。

水調歌頭風雨慳晴，詞以撥悶。

十日九風雨，一日是層陰。春秋絕少佳日，無地可登臨。不見西來秋色，但誦南華秋水①，愁作怨秋霖②。屈指幾明月，凝想到如今。　樹蕭蕭，泥滑滑，院沈沈。綠蓑青笠，江上漁父也難禁。挑盡幢幢燈影，聽徧牀牀屋漏③，餘潤逼羅衾。潑墨襄陽畫④，催我短長吟。

【箋注】

此詞清新俊逸，既與作者曼聲柔情的閨情小令不同，又與其慷慨悲歌的弔古長吟相異。詞筆多采，風格多樣，歷代女詞家中殊不多見。

① 南華秋水：《南華經》即《莊子》之別名。唐天寶元年封莊周爲南華眞人，始有《南華經》之稱。〈秋水〉爲其中一篇。

② 秋霖：秋雨連綿。《左傳．隱九年》：「凡雨自三日以往爲霖。」《楚辭．宋玉九辯》：「皇天淫溢而秋霖兮，后土何時而得乾。」

③ 牀牀屋漏：杜甫〈茅屋爲秋風所破歌〉云：「牀牀屋漏無乾處，雨腳如麻未斷絕。」

④ 潑墨襄陽畫：潑墨，畫山水法。李日華《竹懶畫賸》中云：「潑墨者，用墨微妙，不見筆逕，如潑出耳。」米芾，宋襄陽人，寓居於吳。爲人倜儻不羈，又稱米顛。精擅書畫，自成一家。

水調歌頭 題孫子勤看劍引盃長圖

長劍倚天外①，白眼舉觴空②。蓮華千朵出匣③，珠滴小槽紅④。澆盡層層塊壘⑤，露盡森森芒角⑥，雲夢盪吾胸⑦。春水雙醽醁⑧，秋水淬芙蓉⑨。飲如鯨⑩，詩如虎⑪，氣如虹⑫。狂歌斫地⑬，恨不移向酒泉封⑭。百鍊鋼難繞指⑮，百甕香頻到口，百尺臥元龍⑯。磊落平生志，破浪去乘風⑰。

此詞格調豪宕，且句句緊扣「看劍」與「引盃」。上片言「劍」與「酒」，用典恰切，交錯而言，聲情並茂。下片氣勢奔放，疊用「百」字尤為奇妙。

【箋注】

① 長劍倚天：宋玉〈大言賦〉：「長劍耿介，倚天之外。」唐・李白詩：「安得倚天劍，跨海斬長鯨。」

② 白眼：《世說新語・簡傲》注云：「阮籍能為青白眼，凡世俗之士以白眼對之。」

③ 蓮花千朵出匣：蓮花，劍名。唐・李白詩：「起舞蓮花劍，行歌明月宮。」

④ 珠滴小槽紅：唐・李賀詩：「玻璃鍾。琥珀濃。小槽酒滴真珠紅。」

⑤ 塊壘：即壘塊，謂胸中鬱結不平。《世說新語・任誕》：「阮籍胸中壘塊，故須以酒澆之。」

⑥ 芒角：宋・蘇軾詩：「空腸得酒芒角出」。

⑦ 雲夢盪吾胸：《昭明文選・司馬相如子虛賦》：「吞雲夢八九於胸中，曾不芥蔕。」按：雲夢澤在湖南省境。此比喻胸襟廣闊，才華不凡。

⑧ 醽醁：酒名。唐・李賀詩：「醽醁今夕酒。」

⑨ 秋水淬芙蓉：古代鑄劍，燒紅放入水中，使其堅硬謂之「淬」。《漢書・王褒傳》：「清水淬其鋒」。唐・

盧照鄰詩：「俱邀俠客芙蓉劍」。

⑩飲如鯨：唐．杜甫〈飲中八仙歌〉：「飲如長鯨吸百川。」

⑪詩如虎：曾慥《類說．四》：「曹子建七步成章，號繡虎。」

⑫氣如虹：唐．皮日休詩：「文如日月氣如虹。」

⑬狂歌斫地：唐．杜甫詩：「王郎酒酣拔劍斫地歌莫哀。我能拔爾抑塞磊落之奇才。」

⑭移向酒泉封：《拾遺記》謂羌人姚馥嗜酒，武帝擢爲朝歌宰，姚請辭，願充養馬之役，時賜美酒，後封爲酒泉太守。唐．杜甫〈飲中八仙歌〉：「恨不移封到酒泉。」

⑮百練鋼難繞指：《昭明文選》劉琨詩：「何意百練鋼，化爲繞指柔。」

⑯百尺臥元龍：《三國志．魏志．陳登傳》謂許汜論元龍（陳登字）豪氣未除，昔過下邳，元龍待之無禮，自上大床臥，使客臥下床。劉備曰：「君（指許汜）有國士之名，今天下大亂，帝王失所，君須憂國忘家，有救世意，乃求田問舍，言無可採，是元龍所諱也。何緣當與君語？如我自臥百尺樓上，臥君於地下，何但上下床之間耶？」

⑰破浪去乘風：《宋書．宗愨傳》謂宗愨年少時，人問其志，曰：「願乘長風破萬里浪。」

金縷曲清吟閣主勘碑圖①

禹碣傳蝌蚪②。又紛紛、幾家漢隸，幾家秦籀③。碧落迢迢奇字幻，消得陽冰低首④。

一片石⑤，韓陵忮友。謾憶秋風殘照，是何年、雨別煙拋久。深不見，古苔繡。蕭齋合許和雲構⑥。擘窠書⑦、移來飛白⑧，運如鸞帚⑨。佳士坐中開拓本，窗外夜陰涼透。問定武、蘭亭眞否⑩。翠墨濃雙鈎筆冷⑪，金牋摹到花生韭⑫。正小試，換鵝手⑬。

【箋注】

此詞敘述書法碑帖演變的歷史。從禹碑蝌蚪書至晉唐著名碑帖及書法大家，亦可知作者博學工書，始能以如此概括而流暢的筆致，寫出史實典麗，文采華贍的題畫詞。

①清吟閣主：瞿式瑛之別號。他是清道光間書畫碑帖收藏家。

②禹碣傳蝌蚪：禹碣即禹碑，亦稱岣嶁碑，相傳為夏禹治水時所書刻。凡七十餘字，似篆亦似科斗文，明代楊愼有釋文。原石在衡山，其後雲南、四川、長沙、紹興各地皆有摹刻。唐．韓愈詩云：「岣嶁山尖神禹碑，石青字赤形模奇。」蝌蚪，即科斗。科斗書者，倉頡「觀三才之文及意度為之。文字之祖，即今之偏旁也。文形如水蟲，故曰科斗。」（見《書序注》）

③秦籀：許愼《說文．敘》謂秦代李斯作《倉頡篇》、趙高作《爰歷篇》、胡母敬作《博學篇》，皆取史籀大篆，或頗省改，所謂小篆者也。

④陽冰：李陽冰，唐代趙郡人。工篆書，筆法淳勁。《宣和書譜》謂「有唐三百年中，以篆稱者，惟有陽冰獨步。」

⑤一片石二句：韓陵，山名，在河南安陽東北。梁・庾信從南朝至北方時，溫子昇作韓陵山寺碑，信讀而寫其本。南人問信曰：「北方文士何如？」信曰：「惟有韓陵一片石堪共語。」

⑥蕭齋：唐・李肇《國史補》云：「梁武帝造寺，令蕭子雲飛白大書『蕭寺』，至今一『蕭』字存焉。李約竭產自江南買歸東洛，匾於小亭以玩之，號爲『蕭齋』。」後世遂以爲書齋之別稱。

⑦擘窠書：大字。唐・顏眞卿〈乞御書放生池碑額表〉云：「臣今謹據石擘窠大書。」按：書寫大字，用大筆握在大指中之「窠」，即虎口中，故謂之「擘窠書」。

⑧飛白：《書斷》云：「飛白，八分之輕者。蔡邕在鴻都門見匠人施堊帚，遂創意焉。」

⑨運如鸞帚：鸞帚，指大筆如帚。《書苑》云：「王子敬好書，見北館土壁潔白可愛，取掃帚沾泥汁，作方丈一字……右軍見而嘆美，作書與所親云：『子敬飛白大有致。』」

⑩定武蘭亭：王羲之所書《蘭亭帖》之石刻拓片。唐太宗喜王羲之書法，得到眞跡，臨刻於學士院。五代時梁將其移至汴都，後爲遼耶律光德携去，宋代置於定州，宋徽宗時取其石置於宣和殿，北宋末金兵攻入，石刻失蹤。宋代定州屬定武軍，故此石刻稱爲定武蘭亭。相傳此爲蘭亭帖最佳之石刻。（詳見桑世昌《蘭亭考》）

⑪雙鈎：將所寫字摹刻石上的方法，沿其筆墨痕跡，兩邊用細線鈎出，謂之「雙鈎」。又爲執筆法，黃庭堅〈論書〉：「凡學字時先當『雙鈎』，用兩指相疊蹙筆壓無指，高提筆，令腕隨己意左右。」

⑫花生韭：指五代時楊凝式所書《韭花帖》。《宣和書譜》：「凝式筆迹獨爲雄強。與顏眞卿行書相上下，自是當時翰墨中豪傑。今御府所藏三：草書《古意帖》、正書《韭花帖》、行書《乞花帖》。」

⑬ 換鵝手：虞龢《二王書論》謂王羲之性好鵝，聞山陰有一道士養鵝十餘群，王前往欲買鵝。「道士乃言：『性好道，久欲書河上公《老子》，而無人能書。府君若能屈書《道德經》各兩章，便合群以奉。』羲之便住半日，爲寫畢，籠鵝而歸。」

金縷曲 滋伯以五言古詩見貽，倚聲奉酬

一掬傷心淚。印啼痕、舊紅衫子，洗多紅褪。唱斷夕陽芳草句①，轉眼行雲流水②。靜夜向、金仙懺悔③。卻怪火中蓮不死④，上乘禪⑤、悟到虛空碎。戒生定，定生慧⑥。

望秋蒲柳根同脆⑦。再休題、女嬃有恨，靈均非醉⑧。冠蓋京華看袞袞⑨，知否才人憔悴。只滿紙、歌吟山鬼⑩。五字長城詩格老⑪，子言愁、我怕愁城壘⑫。正明月⑬，屋梁墜。

【箋注】

此詞是作者寄弟之作，滋伯當是其弟字。上片敘自己爲塡詞而工愁善感，「靜夜向金仙懺悔」，下片言她自己是「女嬃有恨」，而其弟也是「才人憔悴」。「五字長城」以下，言其弟與她皆以詩詞抒發抑鬱心情，最後以杜甫〈夢李白〉詩意作結。清代詞話中皆言吳藻父夫俱爲商賈，「家中無一讀書者」，她作此詞寄弟，可知她家中是有讀書人的，主要是她的丈夫非士子，不諳吟咏，使她抑鬱一生。

①唱斷夕陽芳草句：宋·范仲淹〈蘇幕遮〉詞：「山映斜陽天接水，芳草無情，更在斜陽外。」

②行雲流水：比喻才思流暢。

③金仙：佛家稱釋迦牟尼，謂「如來之身，金光燦然。」

④火中蓮：《維摩詰經·佛道品》：「火中生蓮花，是可謂希有。在欲而行禪，希有亦如是。」比喻身在火中而能不焚燬。

⑤上乘禪：佛教分大乘、小乘，以大乘爲上乘。自「禪宗」興起，自謂超於普通大乘之上，故別立「上乘禪」之名。

⑥戒生定，定生慧：佛家語。法要有三：「戒、定、慧。」《楞嚴經》：「攝心爲戒，因戒生定，因定發慧，名三無漏學。」《圓覺經》：「諸戒定慧，俱是梵行。」

⑦望秋蒲柳根同脆：比喻人之早衰，蒲與柳俱早落葉。《世說新語·言語》：「顧悅與簡文（司馬昱）同年而髮早白。簡文曰：『卿何以先白？』對曰：『蒲柳之姿，望秋而落。松柏之質，經霜彌茂。』」兄弟爲「同根」，詞中以喻作者與滋伯姊弟皆如蒲柳早衰。

⑧女嬃、靈均：《楚辭·屈原離騷》：「女嬃之嬋媛兮，申申其詈予。」注云：「女嬃，屈原姊也。」靈均，屈原字。〈離騷〉：「皇攬揆余初度兮，肇錫余以嘉名。名余曰正則兮，字余曰靈均。」

⑨冠蓋京華看袞袞二句：唐·杜甫〈夢李白〉詩：「冠蓋滿京華，斯人獨憔悴。」又〈醉時歌〉：「諸公袞袞登臺省，廣文先生官獨冷。」袞袞，相繼不絕之意。

⑩山鬼：屈原《九歌》之一篇。

⑪五字長城：《新唐書．秦系傳》云：「與劉長卿善，以詩相贈答。權德輿曰：『長卿自以爲五言長城，秦系難以勝之。』」

⑫愁城：喻憂愁之心境。宋．范成大詩：「瓦盆加釀灌愁城。」

⑬正明月二句：唐．杜甫〈夢李白〉詩：「落月滿屋梁，猶疑照顏色。」

陸蕙詞 二首

作者小傳

陸蕙字璞卿，一字又瑩，道咸間江蘇吳江人。張澹妻，有《得珠樓箏語》。

如夢令寄外子客館

正苦花深霧重。密字銜來青鳳。一字一明珠，照澈心心俱痛。如夢。如夢。夢裡將愁細種。

【箋注】

「密字銜來青鳳」，指其夫所寄來書信。字字如明珠，照澈心頭無限痛楚，寫相思之極，比喻奇妙。結句言夢裡種愁，餘味無窮。

浣溪沙十月十九寒甚，寄外子客中。

檐語郎當雁語孤。霜風走葉柝聲粗。可憐情味倩誰摹。　一點寒燈挑不起，兩行清淚滴將枯。問君此境似儂無。

【箋注】

上片寫寒宵景物。十月霜風中一片淒涼之聲：檐前鐵馬、天邊孤雁、落葉、街柝，如此情景，眞非筆墨所能摹繪。此皆作者在室內所聽到的秋聲。下片寫作者獨對寒燈思念遠人，兩行清淚已流盡矣。結句反詰：我思君，君可思念我？詞短情深，小令佳作。

趙棻詞 二首

作者小傳

趙棻字儀姑，一字婉卿，道咸間江蘇上海人。汪廷澤妻，有《濾月軒集》。她工詩詞，兼能古文及駢體，「尤喜讀《通鑑》，論史事多特識創議。又通醫籍藥性，傳方施藥，療人多效。」（見《兩浙輶軒錄》）結褵未久，夫以急病殞，其子汪謝城方在襁褓中，「守志撫孤，操逾冰雪，丸熊畫荻，有歐母風，謝城卒爲名士，負聲於藝苑間，皆其力也。是固才婦亦節母也。」（見《瀛壖雜志》）

金明池 并序

震澤王硯農家藏河東君書鎮①，青田石高寸許，刻山水亭樹，款云：「倣白石翁筆」，小篆五字，面鐫「崇禎辛巳暢月，柳蘼蕪製」十字。硯農方搜集河東君詩札爲《蘼蕪集》，將以付梓。適得此於骨董肆，云新出土者，自謂冥冥中所以酬其晨鈔暝寫之勞也。余見其拓本，因題此闋，即用《蘼蕪集》詠「寒柳」韻。

片玉飛來，脂香粉艷，解珮疑臨蘭浦②。誰拾得、絳雲殘燼③，歎細帙早成風絮。賸芳名、巧琢苕華，揮小草、依約芝田鶴舞④。伴十樣濤箋⑤，摩挲纖手，記否我聞聯句⑥。

玉樹南朝霏淚雨。共紅豆春蕤⑦，飄零何許。沾幾縷、綠珠恨血⑧，只畫裡、山川如故。二百年、洗出苔痕，感詞客多情，燃膏辛苦。想蘇小鄉親⑨，三生許認，試聽深篁幽語。

【箋注】

此詞作者原注云：「河東君本楊氏，小字影憐，盛澤人。」按：柳如是原名楊愛，字影憐。在青樓時改名柳隱，字蘼蕪。嫁錢謙益後又改爲柳是，字如是。錢謙益以繼妻相待，稱之爲河東君。（參閱本書柳如是小傳）

此詞上片起三句言王硯農偶然購得柳如是手刻書鎭，「片玉飛來」，宛如鄭交甫得到「江妃」贈予「珮玉」，極爲喜悅。以下皆爲作者對此石刻拓片的讚賞和想像：這書鎭自是柳氏所居絳雲樓焚燬後的「殘燼」，她的書畫「細帙」早已如「風絮」飄散無蹤了，只剩這塊石刻還鐫有她的「芳名」。這是她「巧琢」的山水畫，她刻寫的「小草」，筆姿揮灑好似仙「鶴」飛「舞」。結末三句用擬人法問這書鎭：「你是她用以押紙的文具，曾經她纖手『摩挲』，將你放在『十樣蠻箋』上，定能窺見她寫的詩，還記得她作的『我聞室』聯句嗎？」下片則更深一層，言柳氏自從福王覆滅，返回常熟，就勸錢謙益共同傾資財，支援抗清義軍。「玉樹南朝霏淚雨」是用陳後主典故，以喻弘光之滅亡，「紅豆」山莊是柳氏支援義軍時所居之處，「沾幾點綠珠恨血」，是用晉代石崇妾綠珠墜樓典故，以喻柳氏終於爲抗清事發自縊而死了。她的故國、故居早成陳迹，只有這石刻的「畫裡山川如故」，遂又轉到王硯農自謂，他獲得這埋沈地下已二百年的書鎮，是因爲他正在編寫柳如是所著的《蘼蕪集》。她的芳魂於冥冥中，爲了酬謝王硯農「燃膏辛苦」，才使這石刻出土爲贈。結尾三句，言王與柳俱爲震澤人，雖先後相隔二百載，仍然是「鄉親」。試聽那風吹「深篁」之聲，就彷彿柳氏芳魂正在「幽語」！這首詞是題拓片之作，惟其意境幽渺，想像豐富，層次分明，情致委宛，確是清詞中的神品。

①書鎮：讀書、寫字、作畫時用以押在紙上，以防箋紙被風吹起的文具。

②解珮：《列仙傳》云，江妃之女遊於江濱，逢鄭交甫，遂解珮與之。

③絳雲殘燼：錢謙益在常熟建絳雲樓藏書，柳如是嫁後共居此校書。其後樓遭火災焚燬。

④芝田鶴舞：《昭明文選·鮑明遠舞鶴賦》：「疊霜毛而弄影，振玉羽而淩霞，朝戲于芝田，夕飲乎瑤圃。」梁代庾肩吾《書品》云：「分行紙上，類出繭之蛾，結畫篇中，似聞琴之鶴。」按：此詞中比喻青田石上刻鐫行草，字體飛舞。

⑤十樣濤箋：唐代名妓薛濤住成都百花潭畔，嘗製詩箋有十色，世稱「薛濤箋」。（見《蜀箋譜》）唐·韓浦詩：「十樣蠻箋出益州。新來寄自浣溪頭。」

⑥我聞：錢謙益娶柳如是時爲築「我聞室」。

⑦紅豆：錢謙益別墅名「紅豆山莊」。

⑧綠珠恨血：《晉書·石崇傳》云：「崇有妓曰綠珠，美而艷，善吹笛。孫秀使人求之，崇勃然曰：『綠珠吾

所愛，不可得也。」秀怒矯詔收崇，崇正宴於樓上，介士到門，崇謂綠珠曰：『我爲爾得罪。』綠珠泣曰：『當效死於君前。』因自投于樓下而死。」按：錢謙益歿後，其族人向柳氏勒索錢財，柳自縊而死。（詳見前柳小傳）此詞中以綠珠自盡比喻柳氏之死。

⑨蘇小鄉親：蘇小小，南齊時錢塘歌妓。唐·韓翃詩：「錢塘蘇小是鄉親。」

金縷曲 題吳一峰甕天圖①

不解蒼蒼意②。古今來、把人僝僽③，者般遊戲。只有疏狂吳季子，未許碧翁維繫④。早脫屣、浮雲金紫⑤。臥甑虛齋魂夢適⑥，笑邯鄲、瓷枕翻多事⑦。迷與悟，總非是。茫茫宇宙誰知己。問丹青、可能摹出，塡胸豪氣。睥睨人間雙白眼⑧，說甚幕天席地⑨。奈一片、雄心難死。痛飲高歌聊作達，儘半生、蹤跡壺中寄⑩。眞自在，有如此。

校勘：此詞錄自趙棻《濾月軒詞》（據《小檀欒室彙刻閨秀詞》刻本），葉恭綽《全清詞鈔》錄戴青〈金縷曲〉（感懷）一首，內容與趙詞相同。此爲題畫之作，戴青題「感懷」，明顯的文不對題。趙棻道咸間人，戴青光緒時人。疑戴抄襲趙詞，或編輯者誤鈔。（請閱《全清詞鈔》下冊戴詞）

【箋注】

此詞以「不解蒼蒼意」問天開端：爲什麼古往今來天公總是像作遊戲一樣「把人僝僽」？下接

即以「吳一峰甕天圖」爲例，只有他是不受天公作弄的人，由於他能視富貴如「浮雲」而以醉飲爲樂，遂又深一層剖析吳季子眞的不須「邯鄲瓷枕」呂仙點化就徹悟了？於是探討「迷與悟」引入下闋。過片又設問「茫茫宇宙誰知己」？從甕天圖來「問丹青」：它只能繪出外形而難描內心。「奈一片雄心難死」以下，則爲設問作答，點明吳君仍是爲天公「僝僽」，纔以酒消愁。「痛飲高歌聊作達」並非眞正徹悟，亦點出吳君作圖的寓意。此闋用作文章手法塡詞，說理精湛。前面「金明池」則以抒情筆致題畫，異曲同工，俱爲趙棻傑作。

① 甕天：甕中觀天，喻所見狹窄。宋．黃庭堅詩：「似逢海若談秋水，始覺醯雞守甕天。」按：醯雞，酒甕中小蟲。

② 蒼蒼：指天。《莊子》：「天之蒼蒼，其正色耶？」

③ 僝僽：折磨。辛棄疾〈粉蝶兒〉詞：「甚無情、便下得雨僝風僽。」

④ 碧翁：即碧天。此爲擬人法。

⑤ 早脫屣、浮雲金紫：《三國志．魏志．崔林傳》云：「使君視去此州如脫屣，寧當相累耶？」《論語．述而》：「不義而富且貴，於我如浮雲。」漢代丞相金印紫綬，晉魏以來，大夫加金章紫綬。其後遂稱金紫爲達官之服飾色彩。按：此句喻輕視富貴。

⑥ 甈：瓦製酒器，可容五斗。

⑦ 邯鄲二句：《異聞錄》謂道人呂公常往來邯鄲道，有書生姓盧，同止逆旅。主人方炊黃粱，共待其熟。盧生

不覺長嗟。呂問之。具言身世之困。呂取囊中枕以授盧曰：「枕此當榮適如願。」生俯首即夢中枕穴中，遂見其家，未幾登第，歷臺閣，出入將相，將五十年。子孫皆顯仕。忽欠伸而寤，黃粱猶未熟。謝曰：「先生以此窒吾欲耳。」自此不復求仕。

⑧睥睨：側目以視之，輕視之態。

⑨幕天席地：《昭明文選・劉伶酒德頌》：「行無轍迹，居無室廬。幕天席地，縱意所如。」

⑩壺中寄：《後漢書・方術列傳・費長房》：「市中有老翁賣藥，懸一壺於肆頭，及市罷，輒跳入壺中。市人莫之見，惟長房於樓上睹之，異焉。因往再拜奉酒脯。翁知長房之意其神也，謂之曰：『子明日可更來。』長房旦日復詣翁，翁乃與之俱入壺中。唯見玉堂嚴麗，旨酒甘肴，盈衍其中。……」

吳苣詞 一首

作者小傳

吳苣字佩纕，號紉之，道咸間江蘇吳縣人。汪桐于妻，有《佩秋閣詞》。

憶舊游

舟次吳淞①，水天雲漠，雪意滿林。扣舷度此，旅懷黯然。

認湖雲凍雨，浦水摶冰，春意蕭閒。一抹疏林遠，趁寒潮夜發，又度重關。江梅幾樹紛照，詩思不禁寒。儘古柳鴉翻，平沙雁劃，悵望山川。　堪憐。念鄉國，只今宵酒醒，夢冷刀環②。待譜湘娥怨③，奈刺船人杳④，易折冰絃。懊儂小海低按⑤，誰共扣吳舷。俉寂寞篷窗，清尊款取行路難。

【箋注】

此爲作者舟行經過吳淞所作。上片寫殘冬景色，下片寫舟中寂寞，並悼念亡夫，以所用典故「夢冷」、「絃折」皆喻喪偶也。

① 吳淞：江名。爲太湖最大支流。經蘇州、崑山等地至上海會合黃浦江入海。唐．杜甫詩：「安得并州快剪刀，

剪取吳淞半江水。」

②夢泠刀環：《玉臺新詠．古詩》：「稾砧今何在？山上復有山。何當大刀頭，破鏡飛上天。」此四句皆隱語。其意為：「夫出，月半當歸。」按：稾，草席。砧，砧板。古代罪人伏在稾砧上用鈇斬首，「鈇」與「夫」同音，即為隱語。刀環在刀頭，「環」與「還」同音，即歸來也。作者夫亡，故云「夢泠刀環」，不再歸來了。

③湘娥怨：古琴曲名。湘娥指舜之二妃娥皇、女英。舜死，二女投湘水，相傳為湘水之神。唐．李益詩：「破瑟悲秋已減絃，湘靈沈怨不知年。」

④刺船人杳二句：《琴操．水仙操》注云：「伯牙學鼓琴於成連先生。成連曰：『吾師子春在海中，能移人情。』乃與伯牙賫糧從之。至蓬萊山，留伯牙曰：『吾將迎吾師。』刺船而去，旬時不返。但聞海水汨沒崩澌之聲。山林窅冥，群鳥悲號。愴然嘆曰：『先生將移我情。』乃援琴而歌之。曲終，成連刺船迎之而返。」此詞以成連喻其夫，「人杳」、「絃折」，言夫已亡故。

⑤懊儂小海：懊儂，《古今樂錄》云：「懊儂歌者，晉．石崇綠珠所作，惟『絲布澀難縫』一曲而已。後皆隆安民間訛謠之曲。……梁武帝改為相思曲。」小海，《晉書．夏統傳》：「……『伍子胥諫吳王，言不納用，見戮投海。國人痛其忠烈，為作〈小海唱〉，今欲歌之。』衆人僉曰：『善。』統於是以足叩船，引聲喉囀，清激慷慨。大風應至，含水嗽天，雲雨響集。叱咤歡呼，雷電晝冥。集氣長嘯，沙塵煙起。王公以下皆恐止之，乃已。」

阮恩灤詞一首

作者小傳

阮恩灤字媚川，道咸時江蘇儀徵人。沈元霖妻，有《慈暉館詩詞》。她是清代名臣阮元之孫女。誕生於河北永平府（其父爲知府），城外河爲古灤水，故名恩灤。能詩善畫，尤善彈琴。結褵三載，病歿，僅廿餘歲。

漢宮春 并序

揚州隋文選樓巷見於宋王象之《輿地紀勝》等書。隋曹憲以「文選學」開之，唐李善等以注選繼之①，非昭明太子讀書處也。予家在文選巷，嘉慶十年先文達公始於隙地築樓五楹，即名曰：「隋文選樓」。樓之上奉曹憲及魏模、公孫羅、李善、魏景倩、李邕、許淹七栗主。左右爲藏書所，樓之下爲西塾。庚戌暮春，偶步選樓下，因溯厥由來，謾賦此闋。

曹氏開先，更諸儒繼後，選學遙傳。回思舊時，堂構都付榛煙。幸存故址，記吾家、卜築林泉。願自此、蘋蘩永祀②，馨香俎豆年年。　莫道風流雲散，念門牆桃李，多士班聯。尋來雪泥鴻爪③，餘韻留連。依依斜照，喜高樓、百尺參天。任羅貯、名書萬卷，未教媿美前賢。

【箋注】

此詞爲作者記敘她的祖父阮元建築「文選樓」的往事。上片言曹憲故居早已毀壞，她的祖父在故址上建造新樓，祭祀文選學名流。下片言昔時曹憲居此授徒，而今她家在樓上藏書，樓下設家塾。

①文選學：清・阮元《揅經室文集二集・揚州隋文選樓記》云：「揚州舊城文選樓、文選巷，考古者以爲即曹憲故宅。《嘉靖圖志》所稱文選巷者也。宋・王象之《輿地紀勝》於揚州載文選樓，註引舊《圖經》云：『文選巷即其處也，煬帝嘗幸焉。』元按：新舊《唐書》：『曹憲江都人，仕隋爲秘書學士，聚徒教授凡數百人，公卿多從之游，於小學尤邃。……卒年百五歲。憲始以梁《昭明文選》授諸生，而同郡魏模、公孫羅，江都李善相繼傳授，於是其學大興。』」又云：「（李善）居汴鄭間講授，諸生四遠至傳其業，號『文選學』。善又命子邕益《文選》注，與善注並行。」按：《文選》六朝梁昭明太子蕭統編，又稱《昭明文選》。選輯自秦至梁著名詩文作品，分三十七類，共三十卷，是我國最早的文學總集。唐代李善作註，開元六年呂延祚等五人作註，號「五臣注」，南宋以後兩本合刻稱《六臣注文選》。阮元，清代著名學者，江蘇儀徵人，乾隆五十四年進士，爲體仁閣大學士，卒謚文達，著述宏富，其文集名《揅經室集正續編》。

②蘋蘩永祀：蘋蘩皆水草，古代人用之祭祀。《詩經・國風・召南》有〈采蘋〉、〈采蘩〉二篇。言公侯夫人

采蘋、蘩以佐祭。

③ 雪泥鴻爪：宋・蘇軾〈和子由澠池懷舊〉詩：「人生到處何所似，應似飛鴻踏雪泥。泥上偶然留指爪，鴻飛那復計東西。」

左錫璇詞四首

作者小傳

左錫璇字芙江，道咸間江蘇武進人。袁績懋妻，有《紅蕉館詞》。她與張繙英同鄉，爲張之弟子。其夫於福建延平督師殞命，她年僅三十歲，遂寓閩撫孤，生計艱難。丁紹儀《聽秋聲館詞話》云：「夫人寓閩中，拮据支持，其遇有甚難堪者。然茹荼焦蓼中，不廢筆墨。」與妹錫嘉俱工詞，身世亦相似。

西江月 感懷寄外子

皎月每教雲掩，好花都爲香消。何須學共斗山高①。反被浮名誤了。　天氣陰晴不定，世情反覆堪嘲。茫茫宦海足波濤。畢竟知音人少。

【箋注】

此詞上片以皎月，好花爲喻，勸夫勿爲浮名所誤。下片再以陰晴、波濤爲喻，勸夫在宦海多加小心。無奈其夫不聽勸告，終於殉職死難。

① 斗山：北斗、泰山之合稱，比喻爲衆人景仰、有德望才學之人。

蘇幕遮

別離多，歡會少。嘶馬秋風，人在斜陽道。盼斷寒雲無雁到。身不能飛，願化長堤草。

荻花殘，梧葉老。不待悲秋，已是愁難了。明月天涯曾共照。夢未闌珊，愁擁秋衾曉。

【箋注】

此詞上片皆言思念離人，西風匹馬，在斜陽古道上，越行越遠了。盼望書信，難以傳到，卻恨身不能飛，願化爲長堤小草與之一見，極言相思之苦。下片寫自己閨中情況，秋深愁更多，從望月而想到離人遠行，而天涯同此月，觸景生情，擁衾待曉矣。

菩薩蠻

蕉窗夜夜風和雨。一燈瘦影愁爲侶。檢點別時衾。空餘舊淚痕。

晨妝慵攬鏡。積思都成恨。翠黛待重描。憐無昔日嬌。

【箋注】

從蕉窗夜雨，獨對孤燈，檢點別時衾上淚痕，到翌晨臨鏡畫眉，自憐憔悴，皆言相思之苦。

賀新郎 外子以詞見示，作此奉答。

一紙書來速。道空齋、翛然對影，不勝幽獨。欲倩主人爲留意，覓取如花碧玉。待它日、貯之金屋。若得可人如我願，更何妨、拚卻珠千斛。但只恐，難從欲。　風流好箇良司牧①。向風塵、猶耽吟咏，公然脫俗。祇有纏綿情不改，恣意尋歡取樂。渾不解、鬢絲如擢。寄語東君宜自遣，還須留意於官牘。書中意，容徐覆。

【箋注】

上片言其夫來信，竟然欲覓取小家碧玉爲妾。下片作者答覆其夫，揭露其負情及爲官之荒淫。從前面〈西江月〉之規勸，〈蘇幕遮〉、〈菩薩蠻〉之思念，至此闋之怒斥，更可看到昔日婦女之悲苦命運。作者感情眞摯、語言坦率，今日讀之，猶爲之悵惘不已。

① 司牧：《左傳·襄十四年》：「天生民而立之君，使司牧之。」古代以羊比喻民衆，君主猶如牧羊者。後世亦稱官吏爲司牧。

左錫嘉詞六首

作者小傳

左錫嘉字韻卿，一字小雲，號浣芬。道咸間江蘇武進人，曾詠妻，有《冷吟仙館詞》。其夫「歿于軍次」，她遂扶柩歸蜀，自畫「孤舟回蜀圖」。其後卜居於成都浣花溪杜甫草堂之側，「時家計萬分拮据，又以書畫謀生。一時名公卿踵門購求，有紙貴之譽。日用飲食，男女婚嫁悉賴焉。復撙節餘錢以救溺女，施湯藥作諸善舉，鄉里咸感其德。」（見林尚辰〈外姑左太夫人傳〉）這說明她不僅是詞人也是傑出的畫家。《粟香隨筆》云：她善用「沒骨法而設色鮮麗，筆力遒勁，能自成一家。」她在封建時代能以鬻畫養家，並助人爲善，是個值得讚揚、不畏艱辛的女詞人。

菩薩蠻 春閨

鏡波寒漾綠。對曉燈明滅春寒重。暗風吹破離人夢。夢斷意闌珊。淚珠和粉彈。影空棖觸。纖手折紅蘭。怕簪雙鬢鬟。

【箋注】

從夢回彈淚到對鏡悵惘，夢中晤離人，醒來更愁苦。照影簪花，誰與爲容之嘆。寫人之動態以表現心情。

菩薩蠻 不寐

珍珠罳索流蘇帳①。翠衾蕤枕愁相傍②。展轉不成眠。飛花香滿天。　闌干紅屈曲③。露滴娟娟竹。螢火隔簾青。錯疑燈一星。

其二

夜深默坐愁如海。月華皎皎流光彩。帶影下閒階。涼花含露開。　銅荷紅蠟淚。漏轉渾無寐。何處白雲峰。悠然度晚鐘。

其三

涼飆瑟瑟蘆飛雪。愁連一片關山月。相對不勝情。長空雁字橫。　井梧飄落葉。蟲語鳴淒切。此調叶清商④。做成今夜涼。

【箋注】

此三闋詞皆咏「不寐」，景物各異，構成境界不同。第一闋暮春落花之夜，室內帷帳衾枕，華美舒適，而人卻「輾轉不成眠」，是以華美陳設映襯人之愁苦心情。結句一螢疑燈，是襯托出黑夜中人的百無聊賴。

第二闋明月流輝、涼花含露，夏末秋初之夜。從夜深默坐至室外玩月、看花。徘徊往返，爲時已久矣。遠鐘悠然，漏殘夜盡，是終宵不眠，愁苦更甚於春宵。

第三闋寒冷深秋之夜，蘆雪、雁字，秋容蕭瑟；落葉、鳴螿，秋聲滿耳。情景淒楚，更難成寐。三闋中此爲愁境之最。

① 罘索：亦作落索。帳幃上裝飾品。宋・張元幹詞：「荼蘼斗帳罷薰爐。翠穿金落索，香泛玉流蘇。」流蘇，用彩色絲線做成下垂穗子。

② 蕤枕：韋弇游蜀，遇玉清之女，女曰：「有玉寶以贈君，富敵王侯，一碧瑤杯，一紅蕤枕。」（見《宣室志》）

③ 紅屈曲：闌干曲折之狀。

④ 清商：宮、商、角、徵、羽，古代聲律之五音。商聲屬金，主西方之音。秋爲西風，故秋聲爲商音。清商、清徵、清角俱爲哀傷之音。（詳見《韓非子》）

菩薩蠻 幽憤（三首選二）

天風吹破夫容鏡①。鏡華零落相思影。秋水浸愁魂。空餘血淚痕。　孤燈淒欲斷。素幔吹愁卷。金縷舊羅裳。依稀鴛與鴦。

其二

蜀山一抹傷心碧。迢迢親舍南雲隔②。頭白泣孤雛。雙雙血淚枯。　問天天不語。

鍊石將安補③。月黑夜漫漫。霜風刺骨寒。

此二詞爲其夫曾詠故世之後，作者扶柩歸曾氏故鄉途中所作。第一闋上片以夫容鏡破比喻夫死，乘舟而歸蜀，故云「秋水浸愁魂」。下片孤燈素幔，獨自哀傷，睹舊日衣裳，回憶往事。第二闋望蜀山而思念父母，父母遠在江南，當爲女兒之不幸而悲傷。下片問天亦難補遺恨，月黑風寒，更增沈痛。

【箋注】

① 夫容：即芙蓉。夫容鏡破，夫妻死別。

② 南雲隔：作者常州人，父母皆在江南。

③ 鍊石將安補：《淮南子・覽冥》：「往古之時，四極廢，九州裂。天不兼覆，地不周載，……於是女媧鍊五色石以補蒼天。」《儀禮・喪服傳》：「夫者，妻之天也。」故云「鍊石亦難補」，蓋封建時代女子以夫爲天。

陸蒨詞 二首

作者小傳

陸蒨字芝仙，咸豐間江蘇武進人。謝士俊妻，有《倩影樓遺稿》。她初與謝士俊結褵，感情尚好。「後其夫沈湎于酒，漸至狂惑，閨門之內禮敬益寡。女士怡然受之，不以爲忤。」終於被夫遺棄，迫使歸毘陵，「長齋奉母，口不言文。居三載，賊至常郡，艷女士之色，欲犯之。女士厲聲大罵，賊怒，叢刀刺之，至死罵不絕口。」（見《粟香四筆》）她是一位身世淒涼、性格貞烈的女詞人。

疏影 修梅圖爲周暖姝夫人題

羅浮夢徑①。把湖堤片月，賺出山頂。彩筆携來，寫照清波，沈沈鶴睡剛醒。紅香勒住春如海，怕玉笛、聲聲吹冷。最羨他、十二樓臺②，合趁銅仙雙影。　拚作天涯萍梗③。掛帆待去也，香散孤嶺。絮果因緣④，草次浮生，總是人天愁境。松花墨瀋桃花紙，便有句、應無人省。更幾時、買櫂重來，舊約西溪試茗⑤。

【箋注】

詠畫家在西湖畔爲梅花寫照，造境幽美，鍊字鍛句，獨具匠心。

①羅浮：指梅花，典故見前屈秉筠詞〈慶清朝〉（山寺探梅）注③。

②十二樓臺：《漢書・郊祀志》：「方士有言黃帝時爲五城十二樓，以候神人。」

③萍梗：浮萍、斷梗，隨波逐流，比喻人之行蹤無定。唐・許渾詩：「客路隨萍梗」。

④絮果：以飛絮比喻離散結局。

⑤西溪：杭州郊區名勝，其地多蘆葦，秋季風吹蘆花，飄散如雪，謂之「西溪晴雪」。

金縷曲　題凌芷沅《翠螺閣遺稿》①

獨抱牙琴怨②。忒無端、一彈再鼓，朱弦重斷。天下傷心誰此似，恨海終難填滿。嘆歲月、暗中偷換。刻燭論詩人似玉③，怎怱怱、鏡裡空華幻。便夢也，抑何短。

翠螺眉黛紅螺硯。最淒涼、一般閒卻，張郎斑管④。剩有玉臺酬唱稿，待付香檀梨板⑤。未讀也、寸腸先亂。何況癡情儂亦累，算蠶絲、未了餘生喘。愁病味，備嘗慣。

【箋注】

此爲題女詞人凌祉媛遺稿之作。（參閱本集凌詞及小傳）全詞皆爲悼念凌氏，兼言凌夫「斷絃」之悲，著末言自己亦喜吟咏。

①凌芷沅：即凌祉媛別號。

②牙琴：《荀子·勸學篇》注云：「伯牙，古之善鼓琴者。」

③刻燭：《南史·王僧孺傳》：「竟陵王（蕭）子良，嘗夜集學士，刻燭爲詩。四韻者則刻燭一寸，以此爲率。」

按：燃燭以計時，表示才思敏捷。

④張郎斑管：張敞爲婦畫眉故事，見前吳綃詞〈賀新郎〉注②。

⑤香檀梨板：昔時印書雕刻木版，檀木、梨木爲最佳材料。

陸恆詞 一首

作者小傳

陸恆字衛卿，咸豐間江蘇武進人，劉灝妻，有《哀弦詞》。所作咏物詞大多爲託意自傷、哭夫之作。其夫當是清廷官員，爲太平軍戰敗而投海自盡。

金縷曲

底柱中流折①。猛回頭、驚濤拍岸，風悲月黑。海上騎鯨人已去②，吹散蜃樓千尺③。便從此、冰銷瓦裂。石爛南山難補恨④，怎偏教、錯鑄中州鐵⑤。輸一著，誰籌策。長城百雉金甌缺⑥。又何曾、絲延續命，戈揮落日⑦。莽莽寒江東逝水，只剩湘靈嗚咽⑧。縱拚化、哀鵑啼血。叫破黃昏天慘淡，喚春光、重轉終無力。空染盡，傷心碧⑨。

【箋注】

上片開端即言「底柱中流折」，其夫當爲清廷將領。下接言其夫以戰鬥中失策大敗，遂蹈海而死。下片言清軍失敗，金甌已缺，大勢已去。「喚春光，重轉終無力」，應是作於太平軍勝利之時，清軍敗退之際。從此詞中也可知當日太平軍的威力。

①底柱中流：底柱，山名，在黃河三門峽附近急流中屹立。一般常以此語比喻支撐危急局勢之中堅力量。

②騎鯨：比喻棄世成仙。宋．陸游詩：「斥仙豈復塵中戀，便爲騎鯨返玉京」。

③蜃樓：海面平靜時，因折光形成城郭樓閣的幻景。《史記．天官書》云：「海旁蜃氣象樓臺。」後世稱好景瞬息消失爲「海市蜃樓」。

④石爛南山：齊桓公夜迎客，寧戚扣角而歌曰：「南山粲。白石爛。」

⑤錯鑄中州鐵：唐羅紹威惡田承嗣之強，與朱全忠共擊田，盡殺田所募集六州勇士五千人。羅既而悔之曰：「聚六州四十三縣鐵，打一個錯，不能成也。」（見孫光憲《北夢瑣言》）以此比喻造成大錯誤。

⑥金甌缺：《梁書．侯景傳》：「武帝曾夜出視事，至武德閣，獨言：『我國家猶若金甌，無一缺傷。』」此以「金甌缺」比喻當時清廷統治已不完整，太平天國占領許多地區。

⑦戈揮落日：《淮南子．覽冥》：「魯陽公與韓構難。戰酣、日暮，援戈而揮之，日爲之反三舍。」

⑧湘靈：《楚辭．遠遊》：「使湘靈鼓瑟兮，令海若舞馮夷。」

⑨空染盡，傷心碧：《莊子．外物》：「萇弘死于蜀，藏其血三年而化爲碧。」後世言忠義之人，殉難而死爲「碧血丹心」。

慕碧雲詞一首

作者小傳

慕碧雲，咸豐間福建臺江妓，「年十七，以不肯輕失身，投水死。」（見丁紹儀《聽秋聲館詞話》）她是個年少聰慧而遭遇不幸的風塵女子，竟連眞姓名亦不可知矣。

相思引

懶向紅窗理玉笙。禁煙纔過便清明①。碧桃開盡，還有幾多春。　風過難尋飛絮影，雨餘怕聽賣花聲。陰陰天氣，容易是黃昏。

【箋注】

寓情於景，自喻身世，斯人斯才，可悲甚矣！

①禁煙：寒食節在清明前一日或二日。古代風俗此日禁止煙火，吃冷食。相傳是春秋時介之推輔佐重耳有功，後隱於山林，重耳燒山逼其出仕，他抱樹而死。重耳（即晉文公）爲了悼念他，即在此日禁止生火熟食，謂之寒食。

錢湘詞 二首

作者小傳

錢湘字季蘋，咸同間江蘇武進人。趙仁基妻，有《綠夢軒詞》。她出身名門，自幼隨諸兄在家塾讀書。在當時，閨秀能正式延師與男兒同樣上學是很少的，但她開始作詩詞還在結褵之後。其夫趙仁基在她的集後跋云：「年廿三歸于余，始爲詞翰。授以漢魏六朝唐宋諸詩，口誦心解，無所留滯。先後熟讀至二千餘首。間嘗自爲之，思致清逸……顧獨喜塡詞，爲之一年，所詣遠出詩上。……」她的咏物詞頗爲佳妙，惜早卒，年僅廿七歲。

金縷曲 柳綠

一縷柔絲漾。被東風、煙拖雨曳，纍成萬丈。轉綠回黃勻染就，垂徧三春陌上。更譜得、新翻花樣。綫腳分明浮水面，只鴛鴦、繡出從人仿。日色映，紫絲障。　深閨驀倚樓頭望①。記長條、同心曾綰，幾時重放。金線年年辛苦壓②，只是者般情況。漸散作、吳綿飄蕩。待得穿針時節近，早亂絲、憔悴添惆悵。繫不住，青春鞅③。

【箋注】

上片描繪柳線被春風勻染，「垂徧三春陌上」。進一步說柳線飄拂水面，在陽光輝映下，宛如紫色帷帳，低護鴛鴦。景中有情，暗喻佳偶雙棲之合歡生活。下片寫深閨女子望柳懷人，自搖金到飛絮，更待到乞巧時節。入秋柳線日益蕭疏，「倚樓」人亦日益憔悴，其奈長絲難繫過隙光陰。作者將「柳線」春秋之變化以喻人之情思，上下片意境迥異，而過片承上接下，「記長條曾綰同心」爲歡與悲之轉折。寫景、寫人，處處與柳線相關，是一闋結構嚴密、字句美妙的詠物之作。

①深閨驀倚樓頭望：唐．王昌齡詩：「閨中少婦不知愁。春日凝妝上翠樓。忽見陌頭楊柳色，悔教夫婿覓封侯。」

②金線年年辛苦壓：唐．秦韜玉〈貧女〉詩：「苦恨年年壓金線，爲他人作嫁衣裳。」此借柳線初黃如金，以喻婦女用金線繡衣裳。

③鞅：套馬於車所用皮帶。按：此用以比喻時光如奔馬，青春瞬逝。

摸魚兒庭有雙桂，年來憔悴甚矣，感賦。

記年時、空庭桂樹。無聲暗濕凍露。霏霏金粟黃千粒①，吹滿一庭香霧。拋繡譜。只此是、秋風秋雨憑闌處。年華細數。看此樹婆娑②，斜陽重倚，舊夢總無據。　禪心悟。試問天香幾度③。閱人青鬢成故。一枝倦付人間賞，似擬小山隱去④。花且住。

還只怕、秋江人去秋無主。一尊酹汝。聊共對銀蟾，濃添金粉，莫使嘆遲暮。

【箋注】

上片起句寫人之回憶當年，桂花盛開，一庭香霧，年年此時憑闌賞花，而今斜陽重倚，舊夢難尋，賞桂人不勝今昔之感。下片寫人問桂，著重寫桂。「閱人青鬢已改」，人與桂俱老矣！「花且住」以下，人與桂月下對酒相慰，莫嘆遲暮。情致芊綿，結構新穎。學詞者可領會咏物詞之特色。

① 金粟：桂花之別稱。明代人詩：「金粟吹香萬木秋」。

② 此樹婆娑：《晉書・殷仲文傳》：「至大司馬府，府中有老槐樹，顧之良久而嘆曰：『此樹婆娑，無復生意。』」

③ 天香：指桂，庾信詩：「天香下桂殿。」

④ 小山隱去：《昭明文選・淮南小山招隱士》云：「桂樹叢生兮山之幽。偃蹇連捲兮枝相繚。山氣巃嵸兮石嵯峨。溪谷嶃岩兮水曾波，猨狖群嘯兮虎豹嘷。攀援桂枝兮聊淹留。……」

錢斐仲詞 四首

作者小傳

錢斐仲字餐霞，咸同間浙江秀水人。戚士元妻，有《雨花盦詩餘》。於詩詞之外兼工繪畫，並著《詞話》一卷。年廿餘，早卒。她的詞清麗委宛，尤工小令，論詞亦有獨特見解。

一斛珠

淒涼秋作。西風先惹蕉窗破。夢魂已被重門鎖。添了香篝，又聽雨聲過。　蝙蝠頻挑簾押彈。餓兒願殉燈花墮。餘酲漸醒愁無那。已是新涼，夜夜抱衾坐。

【箋注】

起句即籠罩全詞，點明悲秋。西風破蕉，重門鎖夢，倚篝聽雨，此景此情，淒然欲絕。下片所見所聞：簷前蝙蝠挑簾押、燈前飛蛾撲火墮，更增孤寂之感，酒醒後心更苦。結句更深一層：非僅今宵，而是夜夜坐以待旦。

蝶戀花 自題畫藤花雙蝶便面（二闋）①

開到藤花春已暮。可奈東風，不肯將愁去。一任繡床黏柳絮。憐花只繞閑階步。蹴損苔痕無意緒。移箇鸚哥，掛在花深處。教與夜來新譜句。不知花外簾纖雨。

其二

雨壓煙迷開又密。手綰柔條，結箇同心結。一霎軟雲搓紫雪。花陰吹下成雙蝶。欲笑還嚬留一瞥。淡粉輕脂，便是春消息。作弄微蟲描活脫。閑情付與勻眉筆。

【箋注】

二詞蒨麗清婉，寫景抒情，渾然一體。第二闋女詞人於紫藤下自寫神態心情，刻畫尤爲微妙。

① 便面：扇面別稱。

菩薩蠻 嬉春擬飛卿體

羅裙翠比新荷葉。春衫低約丁香結。雙燕或先歸。湘簾莫幔垂。　畫絹携小扇。障日非遮面。怕到夕陽斜。暖烘雙臉霞。

【箋注】

作者自謂擬飛卿體，但明白如話，並不似溫庭筠之藻飾雕琢；語句格調，反頗似《花間集》李珣之作。

江瑛詞 二首

作者小傳

江瑛字蒞珊，咸同間江蘇江都人。汪階符妻，有《綠月樓詞》。她生逢太平天國作亂之際，所作詞能反映動亂時代及戰火紛飛中民衆的苦難生活，是歷代女詞人中罕見的佳作。

綺羅香 聞江上戒嚴，寄階符夫子①。

屯霧催寒，戰雲壓暮，腸斷悲秋時候。兵火怱怱，哭路幾人饑走。纔閉門、怕聽笳嗚，奈隔戍、遙傳角奏。哀不盡、江北江南，孤鴻聲咽朔風驟。故鄉喬木似舊。念人間何世，劫灰飛又。觸目驚心，多少營邊衰柳。謾說是、鳥亦含冤，便籬菊、近來都瘦。更幾處、篝火嗚狐②，荒城白晝。

【箋注】

此詞反映太平天國與清軍戰爭之際，大江南北民間疾苦。開端二句即點明戰雲壓境，「兵火匆匆」，路人饑寒交迫，痛哭逃難。作者歸家閉户，仍聞見到處傳來軍中號角之聲。著末三句說明戰火已燃遍大江南北了。下片向夫君陳述家鄉目前尚未波及，但觸目驚心，一片混亂，雖在白晝，也是「幾處篝火鳴狐」，危在旦夕。當時女作家皆終日在閨房之中，能關心外界動亂，且能眞切的寫入作品中者，極爲罕見。

① 夫子：昔時妻對夫的尊稱。

② 篝火鳴狐：《史記・陳涉世家》云，陳涉欲起兵，夜置火籠中，使隱約若燐火。更作狐鳴，呼曰：「大楚興，陳涉王。」按：此典故指夜間，而詞結句云「荒城白晝」，是言動亂已極矣。

解連環秋暮過故園見衰柳感作

塞鴻催晚。把綠窗午睡，被他輕喚。悄步來、三徑全荒，剩衰柳絲絲，對人淒黯。織恨梭愁，絆不住、夕陽一線。聽西風更緊，薄暮棲烏，早又啼遍。　年時早霜尙淺。怎近來閱世，已無青眼。記去春、綠到江南，送華䑸香車，繫情何限。今古榮枯，更消得、幾回歌嘆。算只有、昏煙無恙，淒然夢斷。

【箋注】

上片寫景。起句塞鴻驚夢，已點明秋深；三徑荒蕪，惟剩衰柳，更以夕陽、啼烏爲襯映，更增淒涼，自是寓情於景。下片以抒情寫法，著重描繪「衰柳」，以柳之榮枯比喻人世變幻。結句情景交融，感慨無盡。作者身經戰亂，咏物之作亦爲託意傷時，「樹猶如此，人何以堪」，寓意深刻，淒楚動人。

汪淑娟詞 三首

作者小傳

汪淑娟字玉卿，咸同間杭州人。金繩武妻，有《曇花詞》。其夫亦有詞，名曰《泡影詞》。互相酬唱，琴瑟和諧，所作多咏夫婦愛情深篤及離別之苦。

賣花聲

離筵未終，東方既白，重拈此解，以代贈言。

繡帳病纏綿。悶極今年。捲簾日日望秋天。望到木樨花放了，望著歸鞭。　燈火已闌珊。無可相憐。囑君今夜莫開船。只怕夜深儂有夢，尋向君邊。

【箋注】

上片言日日盼望夫婿歸來之期待心情，下片言今又將離別，結末二句依依不捨，寫來眞摯動人。

南鄉子

藁砧忽歸①，刀夢停唱②。觴月薦夜，筵花盪春。用譜雙聲，並暢遙夜。釵冠交錯，不知圓蜍西上海棠矣。

時壬子五月十五日。

獨自理琴弦。睡起慵梳髻半偏。新樣初三眉子月，娟娟。盼到如今漸漸圓。　此意忒纏綿。背著銀釭笑拍肩。如此風光如此夜，天天。安放癡魂在那邊。

【箋注】

上片寫獨居孤寂，懶於梳妝，盼到夫婿歸來，人與月同圓矣。下片尤佳，閨房之樂，兩情繾綣。末三句充分表現出夫婦生活之美滿歡樂。

① 藁砧：見前吳茞詞〈憶舊游〉注②。

② 刀夢：同前。

虞美人 再簡雯卿詞

秋千院落閒庭院。明月移花轉。幾天不掛玉簾鈎。難道春來總是不梳頭。　綠窗還是攤書好。何苦尋煩惱。自家去驗小腰支。卻比垂楊肥了那絲絲。

【箋注】

上片言春來嬌慵，久不梳妝。下片言綠窗寂寥，不如攤開書卷閱讀，可消愁解悶。最後兩句以「垂楊」比喻腰支細瘦，卻用反語「肥了那絲絲」，匠心別具，是一闋明白如話的小令。

張友書詞 二首

作者小傳

張友書字靜宜，咸同時江蘇丹徒人。陳宗起妻，有《鷗吟草詩詞集》。母殷氏能詩，她幼承家學，工吟咏。其夫早歿，她撫孤兒，以教讀爲生。在海安居住時，有女弟子數十人。

步蟾宮 閨情

露華初濕蒼苔滑。背人偷弄淩波襪。又看殘月照簾櫳，已過了、歸期十八。　燈前暗把金錢撒。香燼也、那堪愁煞。畫闌憑徧更低徊，盼不到、一緘書札。

【箋注】

上片寫閨中人步出室外動態。「露華」兩句言季節已至初秋，「又看」兩句言「殘月」已是下弦；俯仰之間，表現出懷人心情。末句點明遠人已誤了歸期，引入下片，回到室內，懷念更深。燈前卜卦，香燼夜深，猶難入睡。倚闌低徊，思緒發端。人不歸，書不來，「那堪愁煞」！刻劃入微，自是女詞人由衷之言。

滿江紅 北固山晚眺①

怪石松根，正木落、江寒時節。吟未了、金山老樹②，象山殘雪③。獨自臨江亭上望，風濤兩岸無休歇。問憑今、弔古幾回來，皆空裂。　千古事，翻風葉。千古恨，橫江鐵④。望秣陵何處⑤，晚霞明滅。林際蟾光猶未吐，江空雁影遙相接。聽怒潮、東下海門來⑥，聲嗚咽。

【箋注】

此詞弔古傷今，蒼涼激楚。與前闋「閨情」之淒清婉麗，風格迥異。從而可知作者詞筆超軼，兼擅各體。作者爲咸豐間人，從「望秣陵何處」看來，此闋似作於太平天國占領南京之時。

① 北固山：見本書沈善寶詞〈滿江紅〉（渡揚子江感賦）注⑤。

② 金山：同前注⑥。

③ 象山：在江蘇丹徒北，一名石公山。與焦山對峙，形如雙象。（見《清一統志・鎮江府》）

④ 橫江鐵：唐・劉禹錫詩：「千尋鐵鎖沈江底，一片降幡出石頭」。

⑤ 秣陵：秦改金陵爲秣陵（見《南畿志》），按：即今南京。

⑥ 海門：江蘇海門，在揚州附近。唐・王昌齡〈宿京口〉詩：「殘月生海門。」

周詒蘩二首

作者小傳

周詒蘩字茹馨，咸同間湖南湘潭人。張玠妻，有《靜一齋詩餘》。其姊詒端嫁左宗棠，亦能詩詞。姊妹共學詩於母王文襄，母女三人合刻詩詞集《慈雲詩鈔》。

如夢令夏夜

涼雨一簾碧色，睡起空階閒坐。愛煞小荷盤，月映寶珠千顆。休墮。休墮。留待素娥穿裏。

【箋注】夜涼新霽，月下觀荷，翠葉如盤，雨點如珠。珠走玉盤，晶瑩璀璨，景色絕妙。「休墮」疊句，結句想像幽美。

祝英臺近秋煙

颭西風，縈暮日，秋意冷城郭。極目騰騰，直上與雲約。莫教縷縷分開，濛濛如霧，恐飛去、天涯難託。　散還著。近水無數人家，黃粱晚炊作。鄉夢依稀，欲附慮輕弱。祇憐無住無黏，寥空飄舉，不受一絲纏縛。

【箋注】

「颶西風」三句，寫出秋晚城郭。風「颶」煙「縈」，點明「秋煙」。接用三疊字：「騰騰」、「縷縷」、「濛濛」，描繪出「煙」之形態、動向。始則騰起，旋即飄散，終於迷濛消失了。煉字造境，獨具匠心。下片承上，煙消復起，正是家家晚炊之時的景色，從而見景生情，思鄉之感驀然而起。惟仍緊扣主題，不離煙之形象。「祇憐」三句與上片結句相應，雖然「恐飛去，天涯難託。」但能在寥空飄舉，「不受一絲纏縛」，是何等逍遙自在。寫煙的動態亦表現出詞人的嚮往。

屈蕙纕詞 一首

作者小傳

屈蕙纕字逸珊，同光間浙江臨海人。王咏霓妻，有《含清閣詩餘》。其妹蓮纕亦工詞。

高陽臺 秋柳三疊玉田韻①

脈脈含秋，依依鎖夢，春游記拂蘭船。只解牽愁，何曾綰得華年。關山笛裡西風冷，便纖腰②、瘦盡誰憐。裊情絲、亭長亭短，一抹荒煙。天涯凝望斜陽遠，但平蕪接影，淡靄籠川。纖手攀條，舊痕猶認堤邊。棲鴉流水添蕭瑟，喚柔魂、欲起還眠。更能消、幾度春歸，幾度聽鵑。

輕靈婉麗，力摹玉田。「煙」韻借用原句，描繪秋柳，恰到好處。

【箋注】

① 玉田：南宋末詞家張炎之別號。張原作題爲「西湖春感」。

② 纖腰：庾信〈宴昆明池〉詩：「上林柳腰細，新豐酒徑多。」（見《庾子山集》）唐．白居易〈楊柳枝詞〉：「葉含濃露如啼眼，枝裊輕風似舞腰。小樹不禁攀折苦，乞君留取兩三條。」

鄧瑜詞 四首

作者小傳

鄧瑜字慧珏，別號蕉窗主人，同光間江蘇金匱人。許可寶妻，有《蕉窗詞》。譚獻評其詞云：「生氣遠出，俗態屏除。」她所作當之無愧。

賣花聲 納涼

簾捲背銀燈。冰簟鋪平。遙天明月未三更。睡鴨香消花影上，衫袖涼生。　蓮漏一聲聲。珠露輕輕。飛來星火小流螢。最是多情蕉葉扇，欲卻還停。

【箋注】

寫月夜納涼人物，景色宛然在目，聲情幽清婉麗，自是小令佳作。

金縷曲 題畫

雲水蒼茫處。憑悠悠、乘桴於海①，飄然而去。富貴功名來亦好，一聽悠悠之數。想塵世、幾人千古。鯤化滄溟鯨跋浪②，有蒙莊③、先得逍遙趣。潮自湧，老蛟怒。

三千弱水憑飛渡④。問前途、蓬萊方丈⑤，尙離何許。闔闢陰陽多變化，略盡廣川一賦⑥。獨有客、乘風起舞。星宿羅胸芒角出⑦，看一丸、冷月當頭駐。天與地，爲誰主。

所題之畫，當是一幅仙山海水，浩瀚飄渺之圖。上、下兩結最爲警策，言畫家先得逍遙之趣，方能有此神來之筆。

【箋注】

①乘桴：桴，木筏。《論語．公冶長》：「道不行，乘桴浮於海。」

②鯤化滄溟鯨跋浪：《莊子．逍遙遊》：「北溟有魚，其名爲鯤。鯤之大，不知其幾千里也；化而爲鳥，其名爲鵬，鵬之背，不知其幾千里也。怒而飛，其翼若垂天之雲。是鳥也，海運則將徙于南溟。南溟者，天池也。」宋．陸游〈縱筆〉詩：「如今更欲滄溟去，鯨浪浮天信所之。」

③蒙莊：莊周，戰國時蒙人（在今山東省蒙陰縣境內），著《莊子》，共三十三篇。

④弱水：「鳳麟洲在西海之中央，洲四面有弱水繞之，鴻毛不浮，不可越也」。（見《海外十洲記》）

⑤蓬萊方丈：「蓬萊、方丈、瀛洲」，古代相傳在渤海中之三神山。（見《史記．封禪書》）

⑥廣川一賦：《昭明文選．木玄虛海賦》注云：「木華字玄虛」。又引傅亮《文章志》云：「廣川木玄虛爲〈海賦〉，文甚儁麗。」

⑦星宿羅胸芒角出：唐．李賀〈高軒過〉詩：「二十八宿羅心胸，元精耿耿貫當中。」

金縷曲己巳初春微疴偶作，百感紛來。攲枕無眠，信口賦此。

世事何堪問。念椿庭①、一官寄跡，總歸無定。廿載匏懸貧轉累②，贏得霜痕滿鬢。只手板③、消磨相證。畢竟有誰能點鐵④，嘆空炊、無米慈勞甚。長太息，懨懨病。

離家以後難消恨。走天涯、女兒身世，從人行徑。回憶孩提眞樂趣⑤，二十餘年一瞬。常謾把、思親淚搵。何日歸寧償我願，效斑衣、舞彩承歡景⑥。心切切，夢難穩。

【箋注】

此爲作者初嫁時思念雙親之作。上片言其父雖爲官，但閑曹微祿，家計貧困，其母持家，十分艱難。下片言舊時代女子嫁後從夫，遠離父母，未知何日回家探望雙親，感情親切動人。

① 椿庭：大椿長壽（見《莊子・逍遙遊》），孔鯉趨庭聞父訓（見《論語・季氏》），後世遂以「椿庭」爲父親之代稱。

② 匏懸：《論語・陽貨》：「吾豈匏瓜也哉！焉能繫而不食？」比喻對於有才能者，棄而不用。

③ 手板：即笏。古代上朝時手執笏。《周禮天官・序官》賈公彥疏云：「若在君前，以笏記事。後代以簿，簿即手板。」

④ 點鐵：古代鍊丹術謂可點鐵成金。《景德傳燈錄・靈照禪師》：「靈丹一粒，點鐵成金。至理一言，點凡成聖。」

⑤　孩提：嬰孩。《孟子．盡心》：「孩提之童，無不知愛其親者。」注云：「孩提，二、三歲之間，在襁褓……可提抱者也。」

⑥　斑衣舞彩：斑衣即彩色斑爛衣服。古代老萊子年七十，父母猶存。常身著彩衣，仆地作兒戲以娛其親。（見《初學記．孝子傳》）

滿江紅辛未仲春歸寧有日，留別璞齋夫子①。

如此江山，歸帆裡、子規聲急。纔賦就、原泉淇水②，暫時輕別。劇飲莫和春醒醉，訂期好數輪圓缺。祇聲聲、珍重不多言，心如結。　蘼蕪外，靈妃瑟③。楊柳畔，桓伊笛④。總一般滋味，百般情節。摺疊衣裳防冷暖，殷勤筆硯傳消息。但書來、兩地說加餐⑤，長相憶。

【箋注】

前闋〈金縷曲〉言思念父母，急欲歸省的心情。此闋則爲寫歸寧前夕，別離夫婿，戀戀不捨之意緒。上、下片兩七言句深刻細緻，描繪出她對夫婿的關心。這兩闋詞表現出女詞人對父母和夫婿都有深厚的愛，句句皆是肺腑之言。

①　歸寧：《詩經．周南．葛覃》：「害澣害否。歸寧父母。」歸寧，原爲回家省親之意。後世專指婦女回娘家。

②　原泉淇水：《詩經．邶風．泉水》：「毖彼泉水，亦流于淇。有懷于衛，靡日不思。」又云：「女子有行，

遠父母兄弟。」

③ 靈妃瑟：《楚辭．遠遊》：「使湘靈鼓瑟兮，令海若舞馮夷。」

④ 桓伊笛：桓伊，晉代名臣，善吹笛，時稱江左第一。（見《晉書．桓伊傳》）按：「靈妃瑟」言她自己，「桓伊笛」則謂其夫婿。

⑤ 加餐：《昭明文選．古詩十九首》云：「棄捐勿復道，努力加餐飯。」

蕭恆貞詞 二首

作者小傳

蕭恆貞字月樓，同光時江西高安人。周天麟妻，有《月樓琴語》。夫婦皆工詞，「閨中倡和，人以趙管目之。」（見《小檀欒室彙刻閨秀詞》）她所作不尚雕琢，語意清新，近於白話詩。

卜算子 竹香齋

營得屋三間，圍繞千竿竹。一片涼雲拂綺疏，染出牙籤綠①。　有鶴解聽詩，悄立闌干曲。風雨瀟瀟逼短檠，冷抱秋吟獨。

上片言竹香齋周圍環境，結句尤佳。下片言室外「有鶴解聽詩」，室內有人「冷抱秋吟獨」，雅人幽境，頗似《石頭記》中的瀟湘館。

【箋注】

①牙籤：象片製的圖書標記。昔日藏書用各色牙籤標明經、史、子、集分類書名。

水調歌頭　夏晚與石君湖上納涼，填此索和。

我愛匀湖住，三伏暑全忘。誰家鬧紅雙槳，來往樂無央。暢好雨餘天氣，記取薄羅衫子，兜住水雲涼。一事與君說，花欲傲詩狂。　指城西，幾株柳，掛斜陽。有時鬢絲風過，吹上藕花香。千古高山流水①，儻肯一彈再鼓，儂爲解琴囊。如此好風月，那用一錢償②。

【箋注】

此闋爲作者與夫君（石君是周天麟字）避暑匀湖之濱所作。納涼酬唱，景色幽美，琴瑟和諧。如此幸福之生活，當時女詞人中寥寥無幾。

① 高山流水：詳見前吳綃詞〈河滿子〉注①。後世琴曲名「高山流水」。

② 那用一錢償：唐．李白〈襄陽歌〉：「清風明月不用一錢買，玉山自倒非人推。」

宗婉詞 八首

作者小傳

宗婉字婉生，同光間江蘇常熟人，有《夢湘樓詞》。她年少工詩詞，兼擅丹青，其題畫小令尤佳。嫁蕭某，家貧多病，未得功名即早卒。兩子幼小，父兄皆下世，她無所依靠，以教女弟子維持生計。她嫁後遭遇不幸，詞風亦由婉麗變為悲涼，後期之作，多敘寡居撫孤兒，茹苦含辛之痛苦生活。

如夢令（共六闋）

素練裁成團扇。新樣十分圓滿。試向掌中擎，明月全身都現。如面。如面。只當素娥相見。

其二

潑墨親描團扇。聊把愁懷消遣。畫出牡丹枝，不耐粉勻脂染。清減。清減。添了一分妍倩。

其三

綵筆閑題團扇。小院日長門掩。不寫古人詩，須要別開生面。翻遍。翻遍。幾曲小詞香艷。

其四

手弄生綃團扇。風動藕花香遍。病後減容光，羞說芙蓉嬌面。斜掩。斜掩。恐被採蓮人見。

其五

皎潔最憐團扇。伴我小庭深院。一夕起秋風，涼意暗中吹遍。緣淺。緣淺。再隔幾時相見。

其六

不是班姬團扇。不是芳姿便面。卻是廣寒人，親剪一層雲片。消遣。消遣。小字自家題遍。

【箋注】

六闋一氣呵成，流麗宛轉。字裡行間，依約可見少女敏慧、嬌憨的神情。如此才華，自喻廣寒仙子，亦爲恰切也。

滿江紅 述懷

生不逢辰，慣消受、風波顛覆。還指望、小窗燈火，伴他勤讀。諱病強支千日恙，食貧勉學三分俗。向悄無人處一憑闌，吞聲哭。　肩如削，腰如束。容憔悴，衣單薄。已心灰似燼，淚乾無血。自信艱難安妾命，也甘辛苦隨郎逐。算非關、造化忌聰明，儂無福。

【箋注】

此詞是作者嫁後所作。未嫁時，〈如夢令〉題扇之作，何等溫馨歡樂。此詞又何等愁苦悲傷！上片「諱病」、「食貧」一聯，概括了其夫是個貧病交加的俗子，她只得「向悄無人處」「吞聲哭」。下片寫她自己容顏憔悴，衣裳單薄，惟有「甘心辛苦隨郎逐」，自嘆此生無福。可悲甚矣！

滿江紅　述懷示書君女弟子

屈指平生，無一事、堪書眉葉。更年來、椿摧荊折，釵分鏡擘①。一弟青衿憐落寞②，兩兒黃口傷孤孑③。向普天之下數愁人，儂無匹。　思往事，空陳迹。提舊恨，徒悲咽。已炎涼閱遍，世情冰雪。醉後惟餘三復嘆，人前肯下雙行泣。但相期、弱息到他年，能成立。

【箋注】

此闋是作者於其夫病歿後所作。自敘父、夫、兄皆亡故，一弟年少，尚無功名，兩兒幼小，尚須撫養，她處境艱難貧困，無有依靠。她認爲普天之下惟獨她是最愁苦的人，所期望的只有幼子能長大成人，高中科第而已。「書君」當是她以教讀爲生時的女弟子，也是最了解她的人，纔把滿腔幽怨向「書君」傾訴。

① 椿摧荊折，釵分鏡擘：大椿長壽（見《莊子》），後世因用爲父之代稱。荊，古代故事言兄弟分家析產，庭前紫荊枯死，後世遂以爲兄弟之代稱。釵分鏡擘，喻夫妻分離。此詞中言作者自己父、夫、兄俱已亡故。

② 青衿：《詩經·鄭風》：「青青子衿，悠悠我心。」毛亨傳：「青衿，青領也。學子之所服。」

③ 黃口：雛鳥黃嘴，以喻幼兒。所謂「黃口小兒」，此言其子幼小如雛鳥。

翁端恩詞 二首

作者小傳

翁端恩，同光間江蘇常熟人。錢振倫妻，清末名臣翁同龢之姊，有《簪花閣詩餘》。她的詞語句樸素，別具一格。按：翁氏是當代著名詩人錢仲聯先生的祖母。

賣花聲 題藏墨山房

竹屋紙明窗。聊可支床。小亭一角繞長廊。曲曲層臺如雁齒，合種花王①。　草綠滿庭芳。亞字紅牆。碧桃謝卻桂枝香。可惜梧桐新雨後，少箇池塘。

【箋注】

寫小園景物，歷歷如繪，下片結句點明缺點在於「少個池塘」，尤爲雋永。

①花王：世稱牡丹爲花王。宋．李格非《洛陽名園記》：「洛中花甚多種，而獨名牡丹曰『花王』。」

疏影 并序

庚申冬自通州移泰州，僦屋戈氏之藏墨山房。舊有園亭小景，惟餘地苦少，藝菊不蕃耳。同治癸亥，外就清河崇實書院主講。……講舍後有屋數楹，復徙寓焉。旁爲園，頗寬曠，蒔菊爲宜。三疊前調，仍題「種菊補籬圖」後。

靈光留獨①。記纔經刼火，一洗澆俗②。往日亭臺，講舍新移，老圃勞它重築。飄零我是無家客，幸庇廈、何妨茅屋③。待殿春、花事闌時④，分取半弓蒔菊⑤。　連歲吳陵小住⑥，長鑱躬託命⑦，園蔬自劚。欲乞淮王⑧，殘藥分嘗，安得刀圭盈掬⑨。江南烽火連天地，已歷徧、羊腸九曲⑩。知何時、眞息勞跡，笑問平安修竹⑪。

【箋注】

此詞爲作者隨夫寓居蘇北所作。其時爲同治初，所謂「刼火」，即太平天國戰爭之後也。她在吳陵寓居數年，由藏墨山房遷至崇實書院。在園中蒔菊，并繪圖題詞數首。選錄此闋。

① 靈光留獨：漢景帝之子魯恭在曲阜東曾建造靈光殿，其後遭亂，宮殿皆燬壞，此殿獨存。《昭明文選・王文考・魯靈光殿》云：「遭漢中微，盜賊奔突。自西京未央，建章之殿，皆見隳壞，而靈光殿巋然獨存。」

② 澆俗：指世俗風氣浮薄。《淮南子・齊俗》：「衰世之俗……澆天下之淳，析天下之樸。」

③ 幸庇廈、何妨茅屋：唐・杜甫〈茅屋爲秋風所破歌〉：「安得廣廈千萬間。大庇天下寒士俱歡顏。風雨不動安如山。」

④ 殿春花事：芍藥、酴醿，皆在春末開花，殿春即春末也。

⑤半弓：昔時丈量土地計算單位。五尺爲一弓，三百六十弓爲一里，二百四十弓爲一畝。

⑥吳陵：今江蘇泰州市，古代春秋時吳地。東晉分廣陵置海陵郡，唐代置吳州，五代時改爲泰州。（參閱《讀史方輿紀要》卷廿三）

⑦長鑱：長柄掘土器。唐．杜甫〈乾元中寓居同谷作歌〉七首之二云：「長鑱長鑱白木柄。我生託之以爲命。」

⑧欲乞淮王二句：葛洪《神仙傳》云：「淮南王安服丹藥去，餘藥置在中庭，雞犬舐食之，盡得升天。」

⑨刀圭：古代量藥的用具。《政和證類本草》引陶弘景《名醫別錄》：「凡散藥有云『刀圭』者，十分方寸匕之一，准如梧桐子大也。」

⑩羊腸九曲：羊腸阪在山西省靜樂縣境。《楚辭．大招》：「西薄羊腸，東窮海貝。」宋．洪興祖補注云：「羊腸，趙險塞名。山形屈辟，狀若羊腸。」《宋書．樂志》引魏武帝〈苦寒行．北上〉：「羊腸坂詰屈，車輪爲之摧。」按：此詞中喻世路崎嶇也。

⑪笑問平安修竹：段成式《酉陽雜俎》：「北都惟童子寺有竹一窠，纔長數尺，相傳其寺綱維每日報竹平安。」後世遂有吉利語曰：「竹報平安。」

繆珠蓀詞三首

作者小傳

繆珠蓀字霞珍，光緒時江蘇江陰人。鄧乃溥妻，有《霞珍殘稿》。她結褵後夫婦情愛甚篤，閨房酬唱，極爲歡欣。惜以分娩難產早卒，歿後其夫不再娶。所作多咏閨中幸福生活，小令尤佳。

憶江南

涼新顏紅借，沈醉可相嘲。嗤我低吟輸倚馬①，泥他小飲點離騷。商略把愁澆。

透，花氣襲人嬌②。對影不須銀燭照，飛觴願向素娥邀③。最好是清宵。

【箋注】

上片寫夫婦對飲，情致綿綿。「嗤我」、「泥他」一聯，充分表現出閨中吟咏、讀書之樂。下片寫月下飛觴，情景幽美。神仙伴侶，令人艷羨。

① 倚馬：《世說新語．文學》謂桓溫北征，袁宏倚馬前草擬文告，頃刻成七紙。後世以稱人之文思敏捷。

② 花氣襲人：宋．陸游〈村居書事〉詩：「花氣襲人知驟暖，鵲聲穿樹喜新晴。」

③ 素娥：月中嫦娥，又爲月之代稱。宋．范成大〈枕上〉詩：「素娥脈脈翻愁寂，付與風鈴語夜長。」

偷聲木蘭花

臨書先恨蠻箋小。未及書成愁又繞。拆了重封。記得箋旁句已重。　長言不及相思字。方勝疊成愁半紙①。莫道偷聲。塗乙塗鴉墨未勻②。

【箋注】

描寫臨書時相思難寄的心情、動態，細緻深切，具有女詞人特有的溫柔格調。

①方勝：折紙成雙菱形，謂之方勝。元·王實甫《西廂記》「三本一折」云：「不移時把花箋錦字，疊做箇同心方勝兒。」

②塗乙塗鴉：改稿時勾添遺漏字如乙字形謂之「塗乙」。宋·陸游〈讀書〉詩：「校讐心苦謹塗乙」。用墨塗抹之處謂之「塗鴉」。唐·盧仝〈示添丁〉詩：「忽來案上翻墨汁，塗抹詩書如老鴉。」

卜算子

閑旁玉臺吟，拾得零星字。集錦捶雲句未成，忽被風吹去。　詩思渺秋煙，欲覓無尋處。抹徧銀箋不愜心，揉作團團絮。

【箋注】

此闋女詞人自咏尋詩覓句之過程，神情躍然紙上。下片比喻尤爲輕靈巧妙，自是慧心獨具。

俞慶曾詞 六首

作者小傳

俞慶曾字吉初，光緒時浙江德清人。著名學者俞樾之孫女、宗舜年妻，有《繡墨軒詞》。她自幼爲祖父鍾愛，與弟陛雲同讀書。嫁宗氏之初，頗有閨房酬唱之樂，後以無子，其夫納妾。她自失去伉儷愛情，日益消沈，其詞之風格亦由清麗變爲凄婉。所作聲情並茂，是女詞人中當行出色者。

金縷曲 用兩當軒①韻咏落花，乃祖父命書院課題，戲效之。

慢把鴉鋤放。小樓頭、綠陰濃徧，倚闌悵望。一縷情絲煙共化，春水此情難量。都付與、啼鵑怊悵。不信東皇情最重②，五更風，竟把花魂葬。空剩得，綵旛蕩③。

前生本在蓬萊上。返瑤池、回頭俯視，人間景況。雨妒風欺歸亦好，塵世本來多恙。休苦戀、朱門蓬巷。後果前因難細問，意迷離、且醉青紗帳④。任花底，金鈴響⑤。

【箋注】

此調是作者祖父俞樾主持書院，爲學生所出的課題，她亦同作。上片寫春歸花落，倚闌悵望的情緒。下片寫落花之魂重返瑤池，遐思逸想，勝周邦彥〈六醜〉「楚宮傾國」之喻。

①兩當軒：清乾隆時著名詩人黃景仁詩集名。黃景仁字仲則，江蘇武進人。一生潦倒，其詩多抒發窮愁不遇之情。卒年僅三十四歲。

②東皇：司春之神。宋·歐陽修詩：「東皇染花滿春圃。」

③彩幡：唐·鄭還古《博異志》謂崔玄徽月夜遇數美人，自謂苦惡風，乞崔每歲二月初一日作朱旛立花苑，則可免難。崔爲之立旛，暴風拔木而花無恙，因名旛曰「護花幡」。

④青紗帳：北方農村高粱成長，一片綠色，有如帷帳，俗稱「青紗帳」。此詞借以喻花落而綠葉成陰。

⑤金鈴響：王仁裕《開元天寶遺事》「花上金鈴」條謂寧王春時於園中紉紅絲繩，密綴金鈴，繫於花梢上。每有烏鵲翔集，則令園吏掣鈴索驚之，蓋惜花之故也。

踏莎行 秋夜

秋露冷冷，秋風細細。秋蟲切切如私語。有人不寐倚秋燈，銀屏疏影秋如水。　秋入愁腸，愁生秋際。秋聲聽徹無情緒。開簾獨自看秋星，秋河隱隱微波起。

【箋注】

此詞是將「何處合成愁，離人心上秋。」二句加以形象細緻的描繪。上片寫景，下片抒情，句句有秋字，結末尤佳妙。

醉花陰和瑟庵韻

一抹晚霞花氣暝。琴韻書聲應。香篆鎖窗紗，下了簾櫳，小語防人聽。　月明如水人初定。郎識儂情性。笑促卸殘妝，卸了殘妝，相倚同窺鏡。

【箋注】

寫閨房之歡樂，夫婦之情愛，溫馨柔媚。李易安「玉枕紗櫥，半夜涼初透」，未能專美於前。瑟庵，作者之夫宗舜年的別號。

木蘭花慢和瑟庵韻

悵伊人隔浦，纔鏡裡，又眉邊。憶春水長安，輕帆天際，夢斷寒煙。腰圍那禁瘦損，擁重衾、羞道夜如年。癡望閒雲漠漠，懶窺素月娟娟。　燈前顧影生憐。千萬語，寄芸牋。看疏柳低闌，黃花繞砌，此意綿綿。欲解相思無計，趁青山、紅樹放歸船。私訂行期三五，與他明月同圓。

【箋注】

此詞皆寫思念夫婿之情景。鏡裡燈前，無限愁緒，「欲解相思無計」，惟盼他歸來，與「明月同圓」。

高陽臺 書賀瑟庵置媵①

移得明珠②，聘來碧玉③，須知我見猶憐④。打槳親迎⑤，歸帆鷗夢同圓。銀屏十二香深處，耐春寒、半臂應添⑥。好留連、翠幕朱闌。月靜花妍。海門秋老魚龍定，稱詞人彩筆，黛染輕煙。一斛香螺⑦，替描十樣眉尖。爲他更祝宜男佩⑧，慰含飴⑨、笑卜堂前。捲湘簾、回首東風，流水當年。

【箋注】

前頁所錄〈醉花陰〉乃作者自咏夫婦情愛之樂，〈木蘭花慢〉則自歎相思之苦，惟苦樂皆是寫愛情篤好；此闋則迥然異於前二詞，其夫宗舜年在外納妾，另有新歡。封建時代因無子而納妾是天經地義之事，作者獨處深閨，感慨萬端，悲憤難言。全詞皆用愛妾典故，結末三句，以景喻情，言往日膠漆之愛，閨中美好生活，已如落花流水，不堪回首矣。

①　媵：本指古代諸侯嫁女所隨嫁的人，後世因稱妾、婢爲媵侍。「置媵」即納妾。

②　移得明珠：晉代石崇以珍珠三斛，買妾綠珠。（見晁載之《續談助》）按：此詞「移得明珠」句，作者似言其夫借錢納妾。

③　碧玉：《樂府詩集・清商曲辭・碧玉歌》引《樂苑》：「〈碧玉歌〉者，宋汝南王所作也。碧玉，汝南王妾名，以寵愛之甚，所以歌之。」其中有句云：「碧玉小家女，不敢攀貴德。」

④我見猶憐：《世說新語．賢媛》：「桓宣武（溫）平蜀收李勢妹爲妾」，注引《妒記》云：「溫妻郡主甚妒，持刀欲殺李女，及見其容色端麗，辭色悽惋，於是擲刀抱李女曰：『我見汝亦憐，何況老奴？』」

⑤打槳親迎：《樂府詩集．清商曲辭．桃葉歌》引《古今樂錄》云：「〈桃葉歌〉者，晉王子敬（獻之）之所作也。桃葉，子敬妾名，緣於篤愛，所以歌之。」

⑥半臂應添：魏泰《東軒筆錄》云，「宋子京（祁）多內寵，嘗宴曲江，微寒，命取半臂。十餘內寵，各送一枚。子京恐有厚薄之嫌，竟不敢服，忍冷而歸。」按：半臂，古代短袖衣，後遂演變爲今之「背心」。

⑦一斛香螺二句：古代女子畫眉用螺子黛，顏師古《隋遺錄》謂隋宮女用螺子黛畫眉，「司宮吏日給螺子黛五斛，號『蛾綠螺子黛』，出波斯國，每顆值十金。」十樣眉尖，唐明皇命畫「十眉圖」，有畫眉十種式樣。

⑧宜男佩：萱草又名宜男。古代認爲婦女佩戴萱草便可生男孩，故有此名。

⑨慰含飴二句：《後漢書．明德馬皇后傳》：「吾但當含飴弄孫，不能復知政事。」按：作者以無子，不能阻止其夫納妾，故云希望其妾早生子，以慰翁姑盼孫之心。飴，麥芽糖。

臨江仙

簾幕幾重親放好，攤書低擁銀燈。之無粗識悔今生①。秋深風自急，香冷火猶溫。

百樣思量都已徧，人生何苦鍾情②。青山他日葬愁痕。紅梨花一樹③，消受月黃昏。

【箋注】

此詞意緒消沈，悲痛甚矣！夫婿納妾負情，她名份爲正室，實則爲棄婦。若要擺脱失去愛情之深愁苦恨，惟有一死耳。「青山」以下三句，她想像死後人間的怨恨全消，冷月詩魂，低徊於紅梨花下，情景淒絕，令人不忍卒讀。

① 之無粗識：唐代大詩人白居易出生六、七月便能辨認「之」、「無」二字。（見新、舊《唐書．白居易傳》）

按：此作者自謙讀書甚少。

② 鍾情：《世說新語．傷逝》：「王（戎）曰：『聖人忘情，最下不及情。情之所鍾，正在我輩。』」

③ 紅梨：唐．李商隱〈代祕書贈宏文館諸校書〉詩：「清切曹司近玉除。比來秋興復何如？崇文館裡丹霜後，無限紅梨憶校書。」

薛紹徽詞 四首

作者小傳

薛紹徽字秀玉，光緒時福州人。陳彭壽妻，有《黛韻樓詩詞》。她的詩「歌行體」尤佳，其〈宮井篇〉咏庚子慈禧太后謀害珍妃事，爲清代女詩人作品之冠。倚聲之作多咏海外事物，頗具特色。以其夫陳彭壽曾留學日本，並在清駐歐西使館任職，夫婦感情甚篤，其夫所述說國外見聞、寄贈之飾物，都成爲她塡詞的豐富資料，因而她所作題材新穎，令人耳目一新，開咏物詞之新風格。

南歌子 寄外

弱水三千里①，蓬山一萬重②。幾番下筆復從容。惟寫平安兩字托飛鴻。　　懶折梅花寄③，閒將豆蔻封④。莫辭惜墨意匆匆。兩地相知只在不言中。

【箋注】

弱水、蓬山皆指日本。其時作者之夫陳彭壽在日本留學。

① 弱水：東方朔《海外十洲記》：「鳳麟洲在西海之中央……洲四面有弱水繞之，鴻毛不浮，不可越也。」

② 蓬山：古代傳說海上三仙山之一，名「蓬萊」。唐·李商隱〈無題〉詩：「劉郎已恨蓬山遠，更隔蓬山一萬重。」

③ 懶折梅花寄：《荊州記》謂陸凱自江南以梅花一枝寄長安與范曄，贈以詩曰：「折梅逢驛使，寄與隴頭人。江南何所有，聊寄一枝春。」

④ 閒將豆蔻封：唐·李賀〈惱公〉詩：「寄書題豆蔻，隱語笑芙蓉。」《李長吉詩歌匯解》清王琦注云：「（豆蔻）每蕊心有兩瓣相并，詞人托興如比目、連理。」又云：「題豆蔻者，密喻有同心之訂。」

赤棗子

繹如以果汁製冰，食之甜香沁肺腑，因與英姊各賦一闋。

酌玉斝①，咽瓊漿②。絕無煙火有清香。語到夏蟲應齒冷③，人間誰具熱心腸。

【箋注】

一百多年前以果汁製冷飲，自覺甜美如玉液瓊漿，今日視之則平凡事物也。兩七言句語意俱妙。

① 玉斝：昔時酒器，原爲銅製，後用玉製。

② 瓊漿：《楚辭·宋玉招魂》：「華酌既陳，有瓊漿些。」

③ 語到夏蟲應齒冷：夏蟲，《莊子·秋水》：「夏蟲不可以語冰者，篤于時也。」齒冷，《南齊書·樂頤傳》：「人笑諸公，至今齒冷。」按：此原意是貽笑於人。詞中借喻飲冰，結合下句亦有諷喻意。

十二時并序

金錶一，大如錢，配以珠鍊，珠數十粒，大於豆蔻。背鐫有銘云：「圓如璧，貞如金，三萬里，兩同心。」謂係瑞士國手工特製。

看團圞、循環旋繞，宛若元時宮漏①。但脈脈、聞聲輕叩。瞬息能分時候。機軸中含，金精外溢，況有銘文籀。饒古雅、萬里同心，語簡意深，感人肝腸雕鏤。　今始知、分陰可惜②，輾轉已殊昏晝。刺繡五紋③，攤書午夜，出入皆懷袖。奈愛而不見，三秋一日遲逗④。　最惱他、金針作怪，只管紛紛馳驟。催送年華，教人清瘦。添著眉痕皺。恐韶光易逝，不復青絲依舊。

【箋注】

此闋爲咏陳彭壽自海外寄贈金錶，在當時是新事物。第一段寫形狀，第二段寫用途，最末寫感想。讀之如目睹百餘年前瑞士手工製錶之精巧，並能鐫刻華文，尤爲可貴。明珠繫鍊，璀璨增輝。如今日尚存，自是錶中奇珍也。

① 宮漏：古代計時器，即銅壺滴漏。至清代乾隆時，西洋所製鐘錶傳入尚少，猶用此器計時。唐・李商隱詩：「夜半宴歸宮漏永，薛王沈醉壽王醒。」

② 分陰可惜：《晉書・陶侃傳》：「常語人曰：『大禹聖者，乃惜寸陰，至於衆人當惜分陰，豈可逸遊荒醉？

生無益於世，死無聞於後，是自棄也。』」

③　刺繡五紋：唐・杜甫〈小至〉詩：「刺繡五紋添弱線，吹葭六管動寒灰。」錢謙益注云：「舊注引《唐雜錄》：『有宮女以女功揆日之長短。日晷漸長，比常日增一線之功。』」

④　三秋一日：《詩經・王風・采葛》：「一日不見，如三秋兮。」

八寶妝并序

繹如寄珍飾數事，內有赤金條脫一對①，以鑽石箝爲鳥②，玲瓏光耀。狀扁，有鎖、有鍊，可開閉，輕巧工雅。書言：「拿布侖三稱帝時③，其后歐色尼有寵，西班牙女主欲與結歡，令使臣赴荷蘭選鑽石，覓法之良工鑲配之。因荷蘭精切鑽，而法人善箝鑽也。既成，媵以他物，獻諸后。亡何，西班牙人逐女主，欲立普國王子爲王。拿布侖第三與普齟齬，成普法之戰④。法兵敗被廢。國人群起圍宮，后青衣出走，遇牙醫某，載以後車。既奔矣，一切服御皆爲法人所得，藏諸庫。后屢訟欲取爲贍養，貴族院不許。丁亥議定，凡茲珍飾，皆法后物，非歐色尼物，今歐色尼既非法后，不應僭有是物。法既民主，則帝后之物，皆無所有，定價聽人購買，資國用。僉曰可。乃將所藏諸物千餘件，設所陳列兩月而後拍賣，遠方富紳大賈爭集焉。一夕而盡。」繹如以鉅貲得此，因與史有關，寄余品之。余思婦人在德非在外飾，漢之飛燕、唐之太眞外紀⑤，傳其服飾侈美，今皆安在？況此妖物，已歷盛衰興廢，又何足貴乎？姑塡此詞，以報繹如。

玉匣連環⑥，珠非如意⑦，斲粟配成金釧。百煉金剛原不壞，況有熒煌光炫。遙想細腰閼氏⑧，飾臂輕盈，行宮祖帳開歡宴。麾指諸軍行陣，釵聲交顫。　無奈敵勢披猖，民心散潰，倒底安事鏖戰。唱麥兒、悲歌四起，避劫火、青紗蒙面。祇空手、逃亡乞援。翠翹零落隨花鈿。繞腕一雙，令人感嘆滄桑變。

【箋注】

此詞上片開端五句言此條脱「非玉非珠」，而是鑲箝鑽石的金條脱。「遙想」以下，則寫法后佩戴時的得意神情。下片言拿布侖三世失敗後，法后倉皇出逃，狼狽不堪的情景，也寫金條脱的滄桑變化。作者在此調後自注云：「來書又言拿布侖第三將出師攻普，宴諸將於汕庫盧宮。后服此條脱坐主席，致酒勞諸將。迨蒲門一戰，士皆倒戈，遂敗走。法之民主黨焚汕庫盧宮，竟出亡。法自是而民主焉。」

①　條脱：即手鐲、臂釧。陶弘景《眞誥・運象・萼綠華》：「……金玉條脱各一枚。條脱似指環而大，異常美好。」

②　鑽石箝爲鳥：鑽石即金鋼鑽，是礦物中最堅硬者。通常皆無色透明，多稜，對光線之折射率甚強。因而琢成顆粒，光采奪目，西方婦女視爲珍貴飾物。顆粒愈大，價愈昂貴。箝，即鑲嵌。此赤金手鐲上用鑽石嵌成鳥形。

③　拿布侖三稱帝：法蘭西國皇帝拿布侖三世（又稱路易・拿破侖），是拿破侖一世之姪。一八四八年出任法共和國總統，一八五二年十二月稱帝，恢復帝國。普法戰爭時失敗，被俘，法國革命後，遂被廢。

④ 普法之戰：一八七〇年七月法國企圖稱霸歐洲，阻止普魯士統一德國，遂向普宣戰。但法軍節節敗退，而普則反守爲攻，包圍法軍，拿破侖三世被俘，法即屈服，與普訂停戰協定。一八七一年三月法國革命，成立巴黎公社，旋爲政府鎮壓。普魯士擊敗法國後，建立德意志帝國。

⑤ 漢之飛燕、唐之太眞外紀：指伶玄《趙飛燕外傳》、唐人筆記《太眞外傳》二書。此言書中所載趙飛燕及楊玉環之衣飾。

⑥ 玉匪連環：《戰國策・齊策》：「秦始皇嘗使使者，遺君王后玉連環，曰：『齊多知，而解此環不？』」匪，非是、不是。《詩經・衛風・木瓜》：「匪報也，永以爲好也。」

⑦ 珠非如意：《雲笈七籤・內丹》：「以此爲無價珠，乃如意神珠。」

⑧ 閼氏：漢代匈奴之王妃曰閼氏。（見《史記・匈奴傳》）按：此詞中借指法后歐色尼。

沈鵲應詞 四首

作者小傳

沈鵲應又名鵲，字孟雅，光緒時福建閩侯人。其夫林旭是戊戌變法被殺害六君子中最年輕的烈士（年廿四）。陳衍〈林旭傳〉：「同邑沈瑜慶者，以道員需次江南。有女鵲，聰穎能文詞，貌英爽。瑜慶必欲以字佳士。省墓歸，從旭塾師見旭文字，異其博贍。……贅于金陵，從游武昌。」（見林旭《晚翠軒集》）其後林旭往北京任內閣中書，沈鵲應猶居淮南。她身在閨閣卻關心國家大事。她所作咏物詞用比興手法，以喻朝政，鼓勵其夫爲變法維新而盡忠報國。林旭被殺後，她曾仰藥以殉，不死，「哀毀逾歲卒。嘗從陳書、陳衍學詩文辭，有《崦樓詩詞集》一卷。」（見陳衍〈林旭傳〉）她所作悼念林旭之詩詞，淒涼哀婉，令人不忍卒讀。她的父親沈瑜慶〈崦樓詩詞稿題語〉云：「人之有詩猶國之有史。國雖板蕩，不可無史。人雖流離，不能無詩。此崦樓詩所由作也。過此以往，以怨悱之思，寫其未亡之歲月，其志可哀，其遇可悲。……」她婚後與林旭同受業於晚清名士陳書（陳衍兄），陳書評其詞云：「能屏除纖仄」，「無閨秀積習」。她的咏物詞寄託幽深，勵志與夫同心報國，是歷代閨秀詞中，前所未見者，終於夫妻共命，爲變法圖強而死。其人其詞，卓絕千古。

摸魚兒 織竹團扇

弄團圞、組成蘄竹①，傳看纖手難釋。生綃紈扇難比似②，換卻向來成式。霜雪質。更隱映、斜紋不與甘蕉匹③。細看成碧。似綠水生波，雁行雲外，疑是箇人織。

誰行倩，妙手絲絲輕擘。此君再世蹤跡④。從來尤物難長久⑤，只恐秋風先逼⑥。須護惜。爲巧奪、天工造物偏乘隙。深藏滿月。怕瘦減清輝，雪香飄墮，無處覓消息。

【箋注】

此詞當作於戊戌（一八九八年）九月以前，變法維新盛行之際。上片「換卻向來成式」、「疑是箇人織」，皆有託意。以織竹扇改變式樣，比喻其夫林旭已成爲變法維新之重要人物。下片「只恐秋風先逼」以下，似深慮慈禧太后見逼光緒帝，變法前途，艱險難行，必「須護惜」。

按：一八九五年甲午中日戰爭失敗後，康有爲以「變法圖強」爲號召，組織強學會，倡導維新運動。至一八九八年戊戌，全國各地先後組織學會、學堂、報館等五十餘處，並得到光緒帝信任及各省開明達官支持。六月十一日光緒帝下詔頒布維新法令，惟軍事實權操縱於慈禧太后及大臣榮祿等人之手，終於爲袁世凱出賣，遂於九月廿一日發動政變。慈禧太后下令囚禁光緒帝，捕殺譚嗣同、林旭、劉光第、楊深秀、楊鋭、康廣仁六人，康有爲、梁啓超逃亡國外。各省重要官員凡支持變法者皆被罷免，維新變法徹底失敗了。

①蘄竹：湖北蘄州所產竹子，能編織成各種精美用具，自古負盛名。

②生綃紈扇：古代團扇爲素絲製成。宋·蘇軾〈賀新郎〉詞：「手弄生綃白團扇，扇手一時似玉。」

③甘蕉：即芭蕉。按：蒲葵扇，俗稱芭蕉扇。

④此君：《世說新語·任誕》：「王子猷（徽之）嘗暫寄人空宅住，便令種竹。或曰：『暫住，何煩爾？』王嘯咏良久，直指竹曰：『何可一日無此君？』」按：後世遂以「此君」爲竹之代稱。

⑤尤物：特別吸引人者，如絕色美女、珍貴物品。《左傳·昭公廿八年》：「夫有尤物，足以移人。」

⑥只恐秋風先逼：《昭明文選·班婕妤怨歌行》：「新製齊紈素，皎潔如霜雪。裁爲合歡扇，團圞似明月。出入君懷袖，動搖微風發。常恐秋節至，涼風奪炎熱。棄捐篋笥中，恩情中道絕。」

蘭陵王 雞聲

夢初闌。殘劫餘酲尙著。紗窗外、晴報曉鐘，曙色陰陰透簾幕。醒來心情惡。更聽膠膠聲作①。衷心警、顚倒著衣②，卻被蒼蠅弄聽錯③。

長鳴意誰託。甚風雨淒淒④，都未忘卻。寧同宛轉調絃索。驚茆店羈旅⑤，金閨朝士⑥，一例繁雄幷冷落。夜更促梳掠。

寂寞。豈飄泊。攬無睡殘更，翻依鳴柝。同聲唱曉天涯各。悵問寢猶隔。櫛笄如昨⑦。干卿何事，向耳畔，觸悲樂。

【箋注】

此詞託意明顯，言朝政腐敗，黑白顛倒。以雞聲報曉喻忠臣志士變法之議，而以蒼蠅之聲喻奸佞小人挑撥離間慈禧太后與光緒帝母子之關係。最後一段則言夫君爲國事而遠別，閨中寂寞。「同聲唱曉天涯各」，作者表明心迹，願與夫君同心報國也。

①膠膠：雞鳴之聲。《詩經・鄭風・風雨》：「風雨瀟瀟，雞聲膠膠。既見君子，云胡不瘳。」鄭箋云：「亂世則思君子，不改其度。」

②顛倒著衣：《詩經・齊風・東方未明》：「東方未明，顛倒衣裳。」疏云：「以裳爲衣，令上者在下，是爲顛倒也。」按：古代服裝上曰衣，下曰裳。

③蒼蠅：比喻奸佞小人。《詩經・齊風・雞鳴》：「雞既鳴矣，朝既盈矣。匪雞則鳴，蒼蠅之聲。」《昭明文選・曹植・贈白馬王彪》詩：「蒼蠅間黑白，讒巧令親疏。」

④風雨淒淒：《詩經・鄭風・風雨》：「風雨淒淒，雞鳴喈喈。」

⑤茆店：唐・溫庭筠〈商山早行〉詩：「雞聲茆店月，人跡板橋霜。」

⑥金閨：漢代金馬門之別稱。「待詔金馬門」是官職名稱，任此職者皆爲當時著名文士。

⑦櫛笄：櫛，梳篦。笄，用以固定髮髻之簪。《禮記・內則》謂女子年十五而笄。

浪淘沙　　　　繡佛

報國志難酬。碧血誰收①。篋藏遺稿自千秋②。腸斷招魂魂不到，雲暗江頭。

舊妝樓。我已君休。萬千悔恨更何由。拚卻眼中無限淚，共水東流。

【箋注】

此闋爲其夫林旭死難後作。

①碧血：《莊子・外物》：「萇弘死于蜀，藏其血，三年而化爲碧。」後世以喻忠義之人流血犧牲。按：林旭字暾谷，福州人。舉人出身，任內閣中書，參加維新運動，倡立閩學會。戊戌八月，光緒帝任命林旭、譚嗣同等四人爲四品卿銜、軍機章京，遂成爲帝之親信。戊戌九月廿一日慈禧太后發動政變，囚禁光緒帝，殺害林旭等六人，世稱「戊戌六君子」。林被害時僅廿四歲。

②篋藏遺稿：林旭著《晚翠軒集》，李宣龔刊印，集後附沈鵲應《崦樓遺稿》。詞中「遺稿」，指林著《晚翠軒集》。

菩薩蠻

舊時月色穿簾幕。那堪鏡裡顏非昨。掩鏡檢君詩。淚痕沾素衣。　　明燈空照影。幽恨無人省。輾轉夢難成。漏殘天又明。

【箋注】

作者自夫婿被殺害後，曾仰藥自盡，未死，但哀毀逾年即病故，年亦廿餘歲。她尚有哭夫詩數首。附錄〈讀晚翠軒詩〉二首於後。

附錄：讀晚翠軒詩（三首錄二）沈鵲應

人生誰氏免無常。離合悲歡夢一場。何事爲榮何事辱，只求到死得留芳。

其二

西風拂檻雨推窗。別淚離愁溢滿腔。深夜誦君詩一卷，教人無語對寒釭。

李淑媛詞二首

作者小傳

李淑媛別號玉峰主人，高麗國人，李朝承旨學士趙瑗妾。清末高麗（即今韓國）爲日本併呑時殉難。她自是精通漢文，想必有詩詞稿，惜缺少可查考的資料。她能以身殉國，亦是奇女子，其生平事蹟待查高麗書籍。

醉桃源碧潭舊業

秋千深處是誰家。紅樓垂柳遮。一簾香雨鎖林花。虛堂聞落釵。　凝望處，駐香車。愁思繞窗紗。寫他閒恨入琵琶。驚飛鸛影斜。

【箋注】

此詞寫她重到舊業之情景。落花深鎖，虛堂靜寂，一片荒涼。「凝望」二句寫她臨去時依依不捨之情。「駐香車」思往事，那些「閒恨」都可譜成詞曲。正在凝想之際，卻被「鸛影」驀然驚斷了。詞至歇拍，更感到淒然欲絕。她生逢季世，飲恨而死。在此「碧潭別業」中自有一段可歌可泣的故事，惜異國掌故難以查考。

雞叫子春煙

帶霧連雲輕冉冉。朦朧浮翠深還淺。若非淡掃柳梢尖，定教濃抹桃花面。

【箋注】

「春煙」爲題，甚難描繪，而作者用四句概括的寫出濛濛之態。「淡掃」、「濃抹」兩句，突出了「春煙」的特色，出自異國青年女子之手，自是難得。

瘦鸞詞 一首

作者小傳

瘦鸞姓氏不詳。據清蔣敦復《芬陀利室詞話》云：「柳東於冷攤舊書中得詞箋，題爲《歲儉偶感》，末署款『瘦鸞』。書極娟媚，詞有擁髻淒然之意，蓋貧婦有才者。」

賣花聲

袖薄那禁寒。羞與郎言。早拚賣卻硯池田。辛苦天寒蘿屋底，又遇荒年。繡帖未成完。針線抛殘。嬌兒啼飯太心酸。一盞瓦燈籬落外，廢盡秋眠。

【箋注】

蔣敦復云：「味其詞意，愁苦中卻溫厚不迫，是女子中才而賢者。余婦靈石山人見之，欲和之，輒愀然而罷。」（見蔣敦復《芬陀利室詞話》）

此詞作者於饑寒交迫中猶不忘吟咏，確是一位眞正的詞人。全詞「溫厚不迫」，她自己衣薄寒冷卻「羞與郎言」，怕夫君爲她傷心。她想繡花賣錢，但「荒年饑饉」有誰來買呢？只得「針線抛殘」。最使她痛苦的是「嬌兒啼飯太心酸」，療饑無計，只得「一盞瓦燈籬落外」，整夜的挖野菜，以求活下去。這是何等悲慘的境界！所以靈石山人「欲和之」，總是「愀然而罷」。

後記

本集全稿於一九九四年一月由台灣中央研究院文哲所林玫儀教授介紹，交給文史哲出版社出版。我因年邁多病，又患目疾內障。是以稿中舛誤及疏漏之處，未能及時發現。其後我往美國探望女兒，遠隔重洋，難與出版社隨時聯絡。承蒙林教授代為校訂、修改。她詳閱全稿並代加標點符號。她為定稿費神盡力，放棄自己寫作及休息，歷時一年有半。古道熱腸，斯世罕見。我一生坎坷，垂暮之年，有幸遇到知音。感激心情，難以形容。謹寫後記，以表我對林教授誠摯援助，永銘不忘。高風懿範，欽敬景仰！

張珍懷　一九九七年四月於美國 Shreveport